ASTRO COACHING

UNA BRÚJULA PARA UNA VIDA EXTRAORDINARIA

DAVID HERNÁNDEZ

KOLIMA
BOOKS

Título original: *Astrocoaching*

Primera edición: Junio 2019
© 2019 Editorial Kolima, Madrid
www.editorialkolima.com

Autor: David Hernández
Dirección editorial: Marta Prieto Asirón
Maquetación de cubierta: Sergio Santos Palmero
Maquetación: Carolina Hernández Alarcón, Carmen Ruzafa

ISBN: 978-84-17566-60-9
Depósito legal: M-20520-2019
Impreso en España

Al motivo de mi felicidad:
Vanessa González, Fabián Alonso, Gabriela Alejandra y
Sebastián Octavio.

Gracias a todos por el apoyo recibido, y especialmente
a mi amigo y hermano Francisco, «Paco», Moreno.

A mis clientes, quienes inspiraron el libro; vosotros me
habéis enseñado que es posible alcanzar la «felicidad».

ÍNDICE

PRÓLOGO

Durante décadas, posiblemente uno de los temas sobre el cual más se ha hablado y escrito ha sido el tema de la felicidad. Se han hecho estudios psicológicos, neurológicos y han existido innumerables posiciones filosóficas para entender el origen de la felicidad y cómo mantenerla, en una incansable búsqueda del Santo Grial.

Por ejemplo, estudios recientes del neurocientífico y experto en psicología comparada Mauricio Papini reflejan que la frustración puede ser una de las claves de la «infelicidad» en el ser humano, lo que a su vez nos obliga a cambiar de situación para ver la vida desde otra perspectiva. Esta es una creencia de otras tantas de las cuales se ha escrito para hablar de la felicidad.

Si hablamos de la actualidad, la Generación I, la tecnología y el uso del *smartphone* han sido precursores de grandes avances, pero en igual medida han contribuido a crear una generación que se siente más sola, depresiva y propensa a caer en estados de ansiedad.

Si bien es cierto que la tecnología contribuye al bienestar, el exceso de la misma nos quita ese bienestar.

En todas las exploraciones que he realizado no recuerdo haberme encontrado con ninguna que tocara el tema de la felicidad desde el punto de vista astrológico.

Claro, podríamos comenzar discutiendo si la astrología es una pseudociencia de poca validez; sin embargo, cada vez más la ciencia está encontrando que el Universo sí ejerce influencia sobre la naturaleza y los animales. Entonces; ¿por qué no sobre el ser humano?

Durante mis años de consulta y tras haber pronosticado muchos estados de infelicidad y depresión, mis clientes me preguntaban cómo podían lograr la felicidad. Ahí comienza mi búsqueda y el deseo de entender las características «naturales» de ciertas personas que son depresivas o no han experimentado nunca la felicidad en sus vidas.

La importancia de este libro y su objetivo primordial es ayudar a las personas a entender qué es lo que yo llamo su «estado natural», y que desarrollando consciencia acerca de ese estado pueden liberarse de esos sentimientos de frustración, culpabilidad e impotencia.

Existen personas con una «naturaleza» de ser infelices, depresivas o pesimistas. Una vez que despiertan a la consciencia acerca de su estado natural, la vida se les hace más llevadera.

Uno de mis objetivos con este libro es precisamente demostrar cómo las estrellas reflejan el estado de felicidad de las personas, que se encuentra definido en un mapa astral. Entendiendo y utilizando este como un GPS, las personas pueden mejorar y hasta tener una felicidad sostenible.

Esa inclinación estelar es parte de su naturaleza, su manera «natural» de comportarse y como consecuencia nos indica de antemano estados depresivos, la falta de amor propio y la baja autoestima.

¿Significa eso que esa persona está destinada a carecer de felicidad?

Por supuesto que no; lo que significa es que las pruebas y las lecciones que ciertas personas decidieron tener cuando encarnaron en esta vida eran mayores.

Una vez comprendamos de dónde proviene esa falta de felicidad, que tengamos y aceptemos nuestra naturaleza como parte de nuestras lecciones, entonces iniciaremos el camino de liberarnos de esas ataduras. Solo cuando identifiquemos esas áreas grises que hayamos tomado como lecciones podremos superarlas y encontrar la felicidad deseada. Esto se logra a través de la astrología, una herramienta que muchos clientes han comprobado ser valiosísima para mejorar muchos aspectos de sus vidas.

Como todo, es necesario que trabajes arduamente en perseguir tus objetivos, que te aferres a la idea y la pasión de que conlleva trabajo y que darte por vencido no es una alternativa cuando deseas ser feliz.

Este libro te facilitará una serie de herramientas para ayudarte a crear ese hábito que necesitas desarrollar para ser feliz, a la vez que te ayudará a entender que todos llegamos con un karma o unas lecciones de vida, y que al descubrirlas las podremos superar.

Por otra parte, hay que recordar que la mente, en su proceso de creación de pensamientos –infundidos en gran medida por el ego– mueve una serie de eventos emocionales, y con cada emoción o sentimiento se van acumulando otros tantos pensamientos que en muchas ocasiones nos llevan a la depresión.

Esto es más significativo en la medida en que esos sentimientos nos parezcan dañinos a nivel emocional; entonces intentaremos escapar de ellos de una manera u otra. Si vienes predeterminado a «sufrir», a ser infeliz o estar en un estado depresivo constante, desde el punto de vista astrológico intentaremos reprimir esas lecciones que estaban puestas en el camino para que experimentaras el estado que te correspondía. Por ejemplo, si tuviste una madre poco afectiva, ella era la que te correspondía para que tú pudieras vivir tus lecciones creando en ti esas inseguridades, tristezas o estados de infelicidad.

Como consecuencia, esa energía se acumulará y buscará cómo expresarse, lo que veremos en forma de trastornos corporales, enfermedades emocionales, angustias psicosomáticas o una conducta disfuncional. Cuando esto ocurre, uno no siente que continúe un crecimiento espiritual adecuado o que alcance el éxito personal que busca y eso nos traerá ese estado de infelicidad o depresión en la vida.

Este libro tiene como objetivo enseñarnos cómo:

- Descubriendo y aceptando nuestro estado «natural» podemos cambiar una serie de características en nosotros.
- El despertar de la consciencia nos permite conocer su origen para así liberarnos de ataduras emocionales y ser felices.
- Existe una estrecha relación que entre la astrología y la ciencia, la neuroplasticidad del cerebro, y cómo el conocimiento y el despertar de consciencia fortalecen la «intención» para hacer una serie de cambios estructurales en nuestro cerebro.
- Aplicar los doce pasos para ser realmente feliz, muchos científicamente probados.

También te daré las técnicas de cómo aprender a soltar y los beneficios que tiene hacerlo para mejorar y lograr superar ese nuevo estado físico y emocional, y te enseñaré a motivar el espíritu proporcionándote una diversidad de herramientas para domar esos rasgos de tu naturaleza.

Si has llegado hasta aquí, ahora es el momento de darte la oportunidad de dar los pasos para descubrir el enorme potencial que tienes para ser feliz.

No tienes que ser necesariamente depresivo, infeliz ni estar triste la mayor parte del tiempo; aquí encontrarás las herramientas necesarias para continuar contribuyendo a aumentar tu felicidad y convertirla en una felicidad sostenible.

PRIMERA PARTE

◇◇◇◇◇◇◇◇◇◇◇◇◇◇◇◇◇◇◇◇◇◇◇◇◇◇◇◇◇◇◇◇

SACÁNDOLE EL MAYOR PROVECHO

*«Puedes estar continuamente en la búsqueda de la felicidad
o convertirte en aquel que crea la felicidad».*

La felicidad es un tema que ha sido estudiado extensamente por igual por universidades como Harvard o Berkley, y por psicólogos como Sonja Lyubomirsky[1], Richard Carson[2] y Ducher Keltner[3], por mencionar algunos, y otros tantos que han contribuido a cuantificar cómo podemos ser felices desde la perspectiva científica.

A esos estudios, que no necesariamente tienen en cuenta a los *life coaches* o a un gurú de la astrología como yo, decidí aportarles mi grano de arena, precisamente porque entiendo que existen ciertas áreas oscuras de la ciencia moderna que desconocen que el ser humano puede nacer con unos atributos que le hacen feliz o tiene una falta de felicidad desde el momento que nace.

Claro, algunos alegan que eso puede estar determinado por el ADN, como lo ha sugerido Sonja Lyubomirsky, que

---

1   *The how of happiness.*

2   *You can be happy no matter what.*

3   *Born to be good.*

existe algo hereditario. Por supuesto, no lo voy a rebatir. Pero de ser así habría que preguntarse: ¿está reflejado en nuestra carta astral?

Ciertamente, en el 95% de las ocasiones en una carta astral se pueden ver esas alzas y bajas que se nos presentan en la vida.

En ese «mapa de vida» podemos descifrar una serie de aspectos planetarios que nos dejarán ver cuándo surgirá un detonante que llevará a la persona a una depresión profunda, identificar lo que probablemente le lleve a esa depresión y qué herramientas utilizar para ayudarle a salir de la misma.

Esto me recuerda una anécdota de un cliente que me llamó para decirme que se encontraba sumergido en una depresión profunda con ataques de pánico. Al ver su horaria[4] me percaté de que llevaba varios días acumulando una serie de inquietudes. En el trabajo reflejaba que le habían llamado la atención por unos errores cometidos y también tenía una serie de problemas con su hijo mayor. Pero el problema real, el detonante, tenía que ver con su esposa y la madre de ella. Yo no estaba seguro de por qué y procedí a preguntarle: «*¿Te inquieta algo de tu esposa y su madre?*». La respuesta fue afirmativa: su suegra supuestamente iba a mudarse con ellos para que su mujer la cuidara.

Esto representaba para el cliente una fuente de preocupaciones. Los gastos se incrementarían, la suegra se inmiscuiría en la crianza de sus hijos y toda la privacidad que él conocía la perdería con ella en su casa. El cliente tenía el deseo de salir corriendo de su hogar y no volver.

Tras revisar la carta cuidadosamente le comenté: «*Creo que tu preocupación no es válida. No veo que ella acepte salir de su hogar y no querrá vivir con vosotros; eso lo sabrás*

---

4   Carta astral que se levanta en el momento de hacerle una pregunta al astrólogo.

en los próximos días. Concéntrate en tu hijo; necesita un amigo y no siente que pueda comunicarse contigo. A tu mujer apóyala, quedarás bien; no veo que el destino le tenga guardado el cuidado de su madre. Todo esto pasará y saldrás de tus ansiedades».

Tras un par de semanas me envió un mensaje haciéndome saber que yo había estado en lo cierto. En el momento en que colgó el móvil se le aliviaron los ataques de pánico, su relación con su esposa mejoró y pudo sentarse con su hijo y compartir las dificultades que tenía en la escuela.

Un futuro incierto es quizás la peor incertidumbre que sufre una persona.

Cuando no sabe qué dirección tomará su vida, cuando cree que sus hábitos o expectativas cambiarán puede derrumbarse todo sentido de seguridad y sumergirlo en una depresión.

A través de la astrología podemos determinar el «cuándo», o sea, cuándo se inició o se irá disipando la depresión que tiene. Qué incitó el actual estado, o por qué la persona está sufriendo ciertos estados de «infelicidad» durante el curso de su vida. Todo, si se sabe buscar y se tiene un astrólogo responsable, se puede ver a través de la carta astral y una combinación de otros cálculos que se toman en consideración para entender el estado emocional de la persona.

Mi objetivo principal con este libro es presentar el hecho de que en efecto ciertos aspectos de nuestro mapa de vida pueden ayudarnos a anticipar el carácter o el grado de felicidad de una persona. Que en la medida en que la persona entienda su propia naturaleza, el grado de felicidad que trae a esta vida y su porqué, se lo hará más fácil encontrar dicho estado de felicidad.

Lejos de verla como una herramienta para «pronosticar el futuro» –de la cual soy un fiel creyente– la astrología nos sirve para determinar diversos aspectos de nuestra vida cotidiana como inversiones, asuntos legales, estudios, relaciones, el tiempo atmosférico y muchos temas más.

Sonja Lyubomirsky, en su libro *The how of happiness,* presenta una estrategia que implica trabajar para lograr un 40% de los objetivos que pueden mejorar nuestro estado de felicidad. ¿Por qué el 40%? Ella explica que *«el 40% es la parte de felicidad que está en nuestro poder para cambiar la manera en que pensamos y actuamos; esa porción representa el potencial de una felicidad prolongada que reside en todos nosotros».*

Aunque estoy parcialmente de acuerdo con ella, lo cierto es que esa felicidad es más fácil encontrarla si sabemos de antemano por qué la perdimos. La astrología nos ayuda precisamente a entender esas lecciones de vida que parecen quitarnos la habilidad de ser felices.

En lo que sí estamos de acuerdo la ciencia y yo es que la felicidad es algo que todos buscamos, irrelevantemente de lo que en realidad creamos que estamos buscando. Sabemos que la felicidad se caracteriza por la existencia de sentimientos de gratitud obtenidos por realizar obras de caridad, por encontrar la paz interior de acuerdo con nuestro crecimiento espiritual, por experimentar buenos sentimientos hacia otros, y cuando encontramos y aceptamos quienes somos.

El uso y la lectura de este libro es bastante fácil y en él descubrirás que la búsqueda de la felicidad no es una tarea difícil; al contrario, te voy a enseñar las herramientas para lograr una felicidad sostenible. Mi recomendación es que lo leas con calma. Haz anotaciones, sigue las indicaciones e intenta poner en práctica las sugerencias que entiendas podrían beneficiarte.

Cuanto más lo leas y te identifiques con su lectura, más fácil se te hará poner en práctica lo que aquí te estaré enseñando. Tenlo en tu mesilla de noche, repasa, revisa y vuelve a leer el libro o aquellos capítulos que te puedan ayudar o que tengan mayor resonancia para ti.

El libro debe convertirse en una herramienta que te sirva para lograr tu objetivo, que es ser feliz.

En ocasiones, como irás aprendiendo en el proceso, sentirás que no tienes la fortaleza mental, no sabrás por dónde comenzar, no entenderás la naturaleza de tus emociones o sentimientos; en esos casos la lectura de tu carta puede arrojar muchísima luz para dar inicio a esa búsqueda de la felicidad.

Un astrólogo serio y responsable podría ayudarte a encontrar esas respuestas que buscas de manera rápida. Lo importante es que no ceses de buscar lo que mereces. Que vayas creando el hábito, a través del esfuerzo continuo y el tiempo que le dediques, a ser feliz.

Todo requiere esfuerzo, no cae del cielo, tienes que trabajarlo, cambiar costumbres, tus pensamientos, y poner en práctica una y otra vez aquellas herramientas que decidas utilizar, solo así podrás lograr tu objetivo. Por el contrario, si crees que con solo leer el libro, asistir a un taller de Anthony Robbins o retirarte al Himalaya vas a encontrar la felicidad, temo decirte que lamentablemente no es así. Te podrán enseñar las técnicas pero es a ti a quien corresponde ponerlas en práctica.

Todo lo que persigues requiere que lleves a cabo tus objetivos. No te preocupes por los vaivenes, las lecciones que se presenten en el camino; irás aprendiendo y mejorando. Lo importante es que dejes de *pensar* en positivo y comiences a *actuar* en positivo. Deja de desear estar feliz; actúa desde ya como si fueras feliz.

Por último, el tema de la felicidad parece estar de moda, ser algo de la Nueva Era; todos queremos sintonizarnos con ese estado de «*mindfulness*» como un antídoto a los problemas diarios. Lo cierto es que más y más personas de todas las esferas sociales están hambrientas por encontrar la felicidad.

Se han dado cuenta de que el dinero, el lujo y el reconocimiento no son suficientes. Aun esas personas que entienden que lo tienen todo, al final se dan cuenta de que lo que realmente están buscando es la felicidad. Te explico esto para que sepas que no estás solo en esa búsqueda.

En nosotros existe un sentimiento innato, un deseo perpetuo de ser felices, y lo asombroso es que todos tenemos y gozamos de la capacidad no solo de encontrarlo sino también de vivirlo.

Mi humilde objetivo es presentarte algunas alternativas para ayudarte a encontrar las que funcionarán para ti.

Te felicito y te debes felicitar pues con la compra de este libro estás tomando la iniciativa de ser feliz. Este paso importante que estás dando en esta etapa de tu vida no te ha llegado antes ni después; te ha llegado en el momento que lo necesitas, en el momento que te conviertes en un estudiante de la felicidad.

Atesora estas enseñanzas, aprende a abrazarlas y hazlas parte de tu vivir diario.

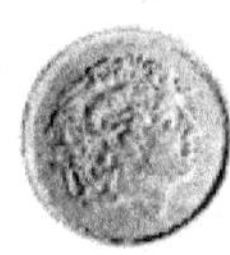

NUESTRO MAPA DE VIDA

*«No esperes que la luz del destino ilumine tu vida,
ilumínala tú».*
ALEJANDRO JODOROWSKY

La astrología es una ciencia fascinante que además de permitirnos abrir una ventana al futuro nos ayuda a conocernos y ver quiénes somos realmente.

Muchos podrían rebatir la veracidad de esta ciencia argumentando que es un arte adivinatorio que tiene poca utilidad. Tiempo atrás, antes de ser astrólogo pensaba lo mismo, hasta que fui corroborando a través de las diversas ramas de la astrología que los astros guardan un secreto que nos ayuda a entender los misterios de la naturaleza.

Comencé con los estudios de astrometeorología, una rama que permite pronosticar cuándo habrá lluvia o tormentas con meses de anticipación. Para mi asombro, comencé acertando en mis pronósticos con poco conocimiento de astrología. ¡*Voilà*! Fue con esos estudios como me convencí de que la astrología tenía una aplicabilidad profunda, no solo desde el punto vista físico, sino también desde el espiritual.

¿CÓMO VEMOS LA FELICIDAD REFLEJADA EN LA ASTROLOGÍA?

Paracelso solía decir: «*Hasta que no conozca el estado de su armonía interior, a lo sumo solo podrá ser liberado de su enfermedad, porque la fuente de su salud es su armonía interior. Así, si nada se ha hecho acerca de su armonía interior, cuando salga de una enfermedad obtendrá inmediatamente otra».*

Lo mismo ocurre con el tema de la felicidad: si el individuo no conoce su naturaleza, lo que le ayuda a ser feliz, entonces se le hará más difícil superar su lección y encontrar ese estado de armonía y paz emocional. Esa es la ventana a través de la cual la astrología nos permite poder ver y entender que en la vida llegamos con ciertas lecciones que nos corresponde vivir. Cuando descubrimos el porqué de esas lecciones, entonces el Universo nos libera de continuar viviendo esas experiencias negativas.

Y no solo de continuar viviendo esas experiencias, sino que dejaremos de repetirlas, pues, una vez entendamos y aprendamos el porqué de esas lecciones las superaremos y no se repetirán.

La pregunta que seguramente te estés haciendo es: ¿cómo o qué tienen que ver las estrellas con esas lecciones?

El científico italiano Giorgio Piccardi, probablemente uno de los científicos más importantes del siglo, descubrió lo que él llamó la «química cósmica», demostrando científicamente que el Universo es una unidad orgánica, que todo el Universo es un cuerpo.

Ninguna parte del cuerpo está separada de otra; si el cuerpo sufre algún corte, todo él se verá afectado, aunque uno no lo perciba. De igual manera, lo que se manifiesta en el Universo tendrá repercusiones en la Tierra, la naturaleza, la fauna y el hombre.

Esto es muy similar a la Ley de Correspondencia; «*como es arriba es abajo y como es abajo es arriba*». Con estas palabras el gran maestro Hermes desarrolló un método deductivo que permitió vislumbrar la grandeza del Universo creado, donde lo más grande de lo más grande es igual a lo más pequeño de lo más pequeño.

Todos los niveles de existencia comparten la misma esencia, organizada en un sistema de hologramas dentro de hologramas dentro de más hologramas hasta el infinito. El todo afecta siempre a las partes.

Por eso, entre los más sabios ya existía la convicción de que el camino más corto para la exploración del cosmos era el viaje hacia el interior del hombre; en otras palabras, la búsqueda de la verdad no se encuentra en nadie, sino en uno mismo.

Comienza por descubrir tu naturaleza y te descubrirás a ti mismo, y ahí comenzará tu liberación.

El ser humano está acostumbrado a ver solo lo visible; la ciencia defiende que solo vale lo que se pueda palpar, lo que es medible. Sin embargo, ¿cómo mides el pensamiento, cómo explicas la espiritualidad o el alma? Obviamente existen áreas grises que la ciencia no puede explicar; sin embargo, sabe que están ahí y no las puede descartar.

¿Las estrellas influyen entonces sobre el ser humano?

No. El ser humano escoge su destino en el momento de su concepción y las estrellas le sirven de guía. La vida no está determinada por las estrellas; las estrellas influyen sobre la vida que deseamos llevar como si fueran un mapa de vida; conociendo hacia dónde nos encamina ese mapa, podremos determinar la ruta que deseamos seguir.

Por ende, aquellos que estudian la ciencia antigua, la astrología, comprenden la naturaleza en la que se encuentran y cómo esta influye sobre el ser humano.

Veámoslo de la siguiente manera. Una noche sales en dirección a un destino determinado. Las señales de la carretera te ayudan a llegar a ese destino. Inesperadamente, te encuentras con un accidente que hace imposible continuar por ese camino.

Tienes la opción de seguir a los demás o puedes detenerte y evaluar la mejor ruta. Decides consultar tu GPS y él te señala dos rutas. Una es oscura y totalmente desconocida, y si la coges te llevará más tiempo llegar a su destino; es por donde todos han decidido ir. La otra también es desconocida, pero está un poco más lejos; sin embargo, es poco transitada, lo cual te hará posible llegar a tiempo.

El accidente son las lecciones de vida. Nuestra toma de decisiones puede estar influenciada por los demás y hacernos seguir el camino por donde todos van, o puedes verificar los astros, el GPS, y escoger la mejor ruta desde tu libre albedrío. Sea cual sea la decisión que tomes, finalmente llegarás a tu destino.

Varios estudios sostienen la veracidad de esas influencias celestiales y son irrefutables.

Por ejemplo, cuando la luna está llena, la cantidad de locura y estados de ansiedad aumenta, mientras que en luna nueva disminuyen la cantidad de accidentes, los crímenes y la ansiedad de la gente. Esto son estadísticas corroboradas científicamente.

La astrología no está ni puede estar aislada del pasado, pues este es lo que forma el futuro: lo que se convierte en mañana está conectado a lo que eres hoy; lo que fuiste hasta hoy está conectado a lo que va a ser mañana. Este tema lo trataré en detalle en mi próximo libro, *El secreto del XII*.

Muchas personas han experimentado en sueños eventos que ocurrieron después tal y como los habían soñado. Esas «premoniciones» no son otra cosa que el adelanto de un futuro que ya ha sido escrito en el pasado. Si abrimos la ventana del presente seremos capaces de ver que el futuro está fuera de la ventana. La hipótesis en la que se basa la astrología es que el futuro es simplemente nuestra ignorancia de no ver o comprender la naturaleza de lo que será mañana y, por lo tanto, lo llamamos «el futuro». Si fuéramos capaces de verlo, entonces el futuro no sucedería para nosotros; sabríamos que ya es presente, aquí y ahora.

Para la astrología el pasado da el impulso y el futuro sucede como resultado.

Si uno observa el fenómeno en su totalidad, ve que el pasado proporciona el ímpetu, pero que el futuro también está ejerciendo un tirón, una atracción. Un ejemplo de esto lo podemos ver en una semilla de zanahoria.

El brote de una semilla que se convierte en una planta no es todo lo que está sucediendo. La tierra está llamando a la semilla a convertirse en una hortaliza, está ejerciendo un tirón. El pasado ha quedado atrás, el futuro está por delante.

Ahora, en el momento presente, hay un brote; todo el pasado está empujando a la semilla a convertirse en una planta y todo el futuro está llamando a la planta a convertirse en una zanahoria.

Bajo la presión de estas fuerzas, pasado, presente y futuro, la semilla se convertirá en planta y luego dará su fruto, o sea una hortaliza. Si no hubiera un futuro, el pasado por sí mismo no sería capaz de engendrar una zanahoria. Es el futuro el que proporciona el espacio necesario para que se dé el fruto y se puedan manifestar el pasado y el presente. El pasado es el que hace el trabajo, pero es necesario que exista el espacio del futuro para que se materialice la zanahoria. Por eso, el que no tengamos los ojos para ver el futuro no significa que no exista; solo explica las limitaciones que tiene el hombre.

Lo que probablemente me parece lo más profundo de la astrología y lo que hago cuando estoy con un cliente es desbloquear su pasado y, de esta manera, despertando su consciencia acerca de lo que fue ese pasado, descubrir lo que será su futuro, y esto ocurre porque su futuro emergerá a partir de su pasado. Sin una comprensión de lo que fue el pasado no podemos comprender y pronosticar adecuadamente el futuro. Por lo tanto, uno de los ejercicios que realizo como mentor es tocar situaciones del pasado para tener un mejor entendimiento del futuro.

Esto hace que la astrología se convierta en una investigación del futuro que ocurrirá, que no es posible llevar a cabo sin antes tener un conocimiento de ese pasado.

La astrología sirve para muchas áreas de la vida del ser humano, no es solo para pronosticar el futuro. Es también un medio para hacer del hombre un ser más espiritual, para llevarlo a reflexionar sobre sí mismo y encaminarlo a la aceptación de lo que es su destino.

Tiene muchas dimensiones y muchos aspectos. Es importante que entiendas sobre todo que el Universo es un cuerpo orgánico y viviente. Nada se encuentra aislado y todo está conectado. Nada anda por separado y por eso tenemos la capacidad de ver cómo las decisiones de hoy afectan al mañana.

Si todos provenimos de ese mismo soplo de vida, de ese Creador, si somos todos Uno, ¿cómo entonces ese reflejo del Universo no va a tener efecto sobre nosotros?

CÓMO LO VEMOS ASTROLÓGICAMENTE

«Atreverse es perder el equilibrio momentáneamente.
No atreverse es perderse uno mismo».
SOREN KIERKEGAARD

Utilizando la fecha, el lugar y la hora de nacimiento de una persona se hacen una serie de cálculos matemáticos que nos permiten ver dónde estaban posicionados los planetas en el momento de su nacimiento.

Esto constituye el mapa de su vida, y sin querer simplificar lo complejo de una lectura, existen otra serie de técnicas que los antiguos utilizaban para llevar a cabo una lectura seria, como por ejemplo el Retorno Solar, Atasyir, Año de Profección, Fardarias y los Tránsitos, etc.[5]

Esto por mencionar solo algunos términos astrológicos, pues tendríamos que ofrecer todo un curso para entender la complejidad que hay en una lectura responsable y seria.

A través de una consulta podemos evaluar si la persona será o no depresiva, qué provoca esa depresión y cómo podemos superar esas lecciones de vida. También nos permite ver en qué etapas de su vida será más propensa a ser feliz o infeliz y por qué.

---

5   El autor ofrece clases de astrología bajo la certificación de AETA, Academia de Estudios Tradicionales en Astrología.

Tomando en cuenta numerosos factores, podemos ver la naturaleza del cliente, si es feliz, conversador, positivo y optimista, o si por el contrario se siente infeliz, tímido, atemorizado, triste y pesimista.

Una vez identificada su naturaleza, entonces podemos continuar ayudándole.

Lo primero que miramos es el Ascendente; es uno de los ángulos de la carta natal, o Casa I. Es el ángulo que se levanta en el horizonte en el momento del nacimiento. También separa el cielo visible de lo invisible. Esa primera Casa determina cómo se proyecta la persona o cómo le ven los demás, su constitución de salud, su personalidad, y desde ahí también podemos ver lo que le será prometido en el futuro.

Un Ascendente con benéficos ofrece al nativo o cliente un futuro más positivo, y así será visto por los demás. Un Ascendente negativo o afligido le traerá tristeza, depresión y mala suerte.

Evaluemos a modo de ejemplo la carta astral de una persona famosa y muy reconocida, la actriz Angelina Jolie, que nació el 4 de junio de 1975, y según sus datos, a las 9:09 h en Los Ángeles, California.

La actriz proviene de una familia divorciada. Su madre, Marcheline Bertrand, que era actriz, abandona su carrera para cuidar de sus hijos, y su padre, Jon Voight, actor, decide abandonar a sus hijos para continuar su carrera en 1976.

Durante su adolescencia, que fue bastante difícil, Angelina sufrió de *bullying*, se convirtió al movimiento *punk* usando el negro (típico de las personas con Saturno en su Ascendente), se le hizo difícil relacionarse con otras personas, se autoinfligió cortes, sufrió de insomnio, fuertes depresiones y a los diecinueve y a los veintidós años intentó suicidarse. Todo esto lo traía por tener a Saturno en Cáncer en su Ascendente.

Con esto lo que deseo mostrar es que desde el momento en que nació, esa naturaleza era palpable en ella y de haber consultado su madre con un astrólogo, este podría haberle advertido acerca del porvenir de su hija Angelina Jolie y su estado emocional.

A los treinta y un años la madre fallece de cáncer, fecha en que la Luna pasaba por Atasyir y hacía oposición con Marte y Júpiter y cuadratura[6] con Saturno. La muerte de su madre a temprana edad también estaba prometida en su carta, pues los antiguos decían que la Luna afligida por los maléficos (Saturno y Marte) acorta la vida de la madre y la del nativo.

A los cuarenta y un años[7] se manifestaron problemas en sus relaciones afectivas y se separó de Brad Pitt[8]. Como consecuencia, ha sufrido problemas de salud o depresiones a los cuarenta y dos y cuarenta y tres años edad[9]. A la edad de cuarenta y cinco y cuarenta y seis años atravesará un período difícil en su vida.

¿Podría haber evitado algunas de las situaciones que se han producido en su vida? Claro que sí, todo habría dependido de la ayuda que hubiera buscado y su despertar de consciencia. Todo lo que aquí expongo es parte de sus lecciones. Al despertar consciencia acerca de esas lecciones podemos minimizar o eliminar por completo esas enseñanzas.

Podríamos continuar dando un sinnúmero de ejemplos, pero la idea no es dar un curso de astrología sino más bien

---

6   Progresión de la Luna.

7   El Lote del Matrimonio hará conjunción con Marte y a los 41 años hará cuadratura con Saturno. En la astrología tradicional esto indica dificultades o separación en la relación. Esta predicción la anuncié el 18 de agosto del 2015.

8   El libro se inició en el 2015 y, en efecto, en el 2016, a la edad de 41 años, los dos actores se divorciaron.

9   Cuando entró en la Casa VII y la Casa VIII, cuyo Regente era Saturno en caída en Cáncer, lo que afectó a su estado de ánimo.

poner de manifiesto las virtudes que tiene la astrología como ciencia para entender lo que le ocurre a uno en la vida y su porqué.

En la medida en que vayamos despertando esa consciencia y aceptando quienes somos, se nos hará más fácil aceptar las lecciones que se avecinan a la vida y encaminarnos hacia la felicidad.

Imagen 1. La carta natal de Angelina Jolie

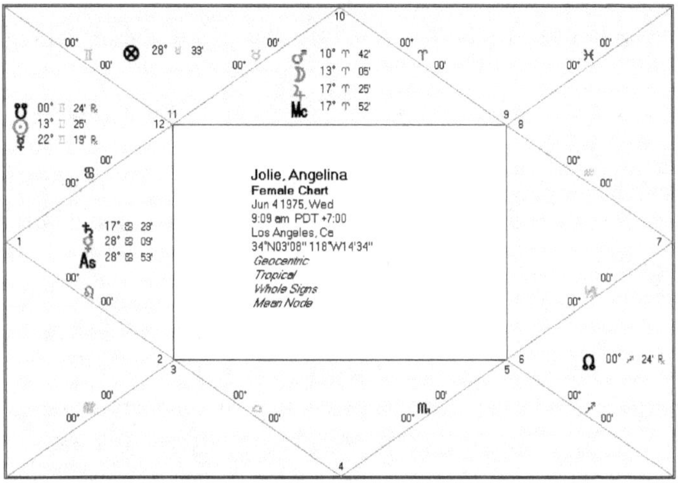

LO ESENCIAL DE LA ASTROLOGÍA

«Comprenderse a uno mismo es entender el Universo.
El microcosmos y el macrocosmos son uno.
La evolución siempre comienza con el individuo.
Si un hombre da un paso hacia adelante, llevará a la
conciencia mundial un paso adelante».
TAISEN DESHIMARU

Para muchos la astrología tiene como fin contestar a preguntas que yo califico como «no esenciales» porque solamente tocan la inmediatez del problema. La contestación a estas cuestiones podría estar disponible pero no necesariamente significa que la esencia del problema se vaya a resolver.

Un ejemplo de esto es una mujer que solicita saber si algún día conocerá a su «príncipe azul», cuando gran parte de su vida no ha tenido suerte en el amor. El destino no lo podrá cambiar por su desconocimiento de la esencia del problema. No despierta conciencia de lo que es su karma o lección de vida. Por lo tanto, la parte esencial de la astrología es que podemos cambiar nuestras vidas si despertamos la consciencia acerca de lo que es nuestro destino.

Si no tenemos ese conocimiento, ¿cómo vamos a cambiar aquello que desconocemos? Es desde el conocimiento desde donde podemos ejercer el «libre albedrío» y tomar las decisiones adecuadas para lograr el cambio que buscamos.

Puedes desear ser rico, pero si lo que te corresponde es la pobreza y no lo sabes entonces estarás desperdiciando otras riquezas que se te están presentando en el camino.

Siguiendo con el mismo ejemplo de la joven que desea conocer a su príncipe azul y saber si se casará en un futuro, esta es una pregunta no esencial, pues uno puede convivir con una persona toda la vida y no necesariamente casarse y ser aceptado socialmente.

La astrología a la cual le doy importancia y sobre la cual intento que mis clientes despierten el mismo interés es acerca de lo esencial que aparece en su carta astral.

No es cómo será mi futuro; es cómo me aseguro de que conociendo mi pasado podré vivir mejor mi presente para tener un mejor futuro.

El significado y la esencia de la astrología se basa en que no estamos separados; somos Uno con el Universo. Y no solo somos Uno con el Universo, también somos participantes en cada situación y evento.

El futuro está determinado y se define por el momento presente. De lo contrario no habría momento en el futuro que estuviera bajo nuestro control.

Cómo vivamos el momento actual determinará lo que logremos en el futuro.

Nuestras manos están descansando sobre la cabeza de nuestro futuro; mientras estemos sentados sobre los hombros de nuestro pasado, o sea, arrastrando los recuerdos del pasado, se nos hará más difícil progresar. Es obvio que si lo que está por debajo de mí y puedo ver se escapa, me caigo, que es lo mismo que ignorar las lecciones del pasado.

Si la cabeza del futuro –en el que mis manos extendidas están descansando– se escapa, pierdo noción de mi presente, adelantándome a un futuro incierto.

Por lo tanto, huir o ignorar las lecciones del pasado deja un presente aleatorio, donde el día a día se convierte en algo sin sentido ni dirección, lo que nos lleva a un futuro incierto, construido sobre una base inestable.

Si entiendo mis lecciones viviré sin ataduras y temores; si conozco algo de mi futuro me liberaré de las incertidumbres y podré vivir mejor el presente.

EL DESTINO

*«Todo es un tablero de ajedrez de noches y días, donde
el destino, con hombres como piezas, juega: acá y acullá
mueve, y da jaque y mata, y uno por uno vuelve a ponerlos
en la caja».*
Omar Khayyam

Mucho se ha debatido sobre el destino, aunque muchos querrán defender el libre albedrío; yo, tú y los demás, cuando nos enfrentamos a situaciones que nos llevan a hacernos preguntas existenciales volvemos a cuestionarnos cuánta influencia tendrá el sino sobre nosotros o sobre las naciones. Nos sorprenderá el comportamiento y el esfuerzo que harán el hombre o las naciones para cambiar el destino que corren, con pocas probabilidades de cambio o quizás ninguna.

Las innumerables observaciones que he tenido durante el curso de mi trabajo me han demostrado que, a pesar de las acciones o las buenas intenciones, la vida a veces parece tomar un giro que solo el destino puede definir.

Mi experiencia como astrólogo me ha enseñado en un sinnúmero de ocasiones como, a pesar de las advertencias, el destino de una persona estaba escrito. Desde la infidelidad que de antemano fue advertida hasta la muerte. Todos los astros parecen señalar la oculta intención del destino.

Al igual que la vida y la espera a la muerte son inevitables, hay sucesos que parecen ineludibles en la vida de una persona o una nación.

El hombre puede agotar todos los recursos y nada de lo que haga evitará en ocasiones los sucesos que van a ocurrir.

Al contrario; pareciera como si el destino, el Universo o Dios se riese de sus esfuerzos por hacer cumplir el resultado que intentó prevenir.

Solo el hombre sabio sabe colocarse a un lado mientras observa el devenir de su vida, atento a sus sucesos, listo para vivir sus lecciones y viendo cómo minimiza sus golpes, reconociendo ese viejo proverbio que dice «el hombre propone y Dios dispone».

Entonces, ¿estamos absueltos de la responsabilidad del libre albedrío? En absoluto. El Universo y sus acciones son perfectos. El hombre, al conocer su destino tiene una mayor responsabilidad de aprender de sus lecciones y crecer espiritualmente.

Toda enseñanza moral, todo acto de amor y de bondad son afirmaciones absolutas para ejercer el libre albedrío y vivir una vida que te lleve por un camino de bienandanzas para servir al prójimo. Está en nosotros encontrar el equilibrio de la justicia y la armonía para vivir una vida que esté de acuerdo con los principios divinos que el Universo nos ofrece.

Por eso existe la «Ley de Causa y Efecto», predispone la necesidad del destino y del libre albedrío dentro del Universo que está en perfecto orden. Una no es muy distinta de la otra. Son dos caras de una misma moneda. Lo que siembras será lo que coseches, y cómo te comportes con lo que coseches será lo que más adelante formará tu destino.

Estudios reflejan que el hombre viene predestinado a un determinado comportamiento, problemas emocionales o alguna mala costumbre. Tomemos el ejemplo de un esquizofrénico, que tiende a ser estigmatizado por su condición emocional. ¿Podemos juzgar moralmente a un hombre por su comportamiento o condición emocional?

El carácter de un hombre es resultado de la acumulación de una serie de actos que se han venido apilando durante una serie de existencias pasadas o durante esta vida. Sean actos de bien o de maldad, cada uno está predeterminando un nuevo destino de acuerdo con la naturaleza de sus actos.

Esos resultados son como las semillas, que esperan el momento para gestar sus efectos durante el curso de alguna existencia.

Solo el conocimiento de ese destino permitirá al hombre minimizar su efecto o escaparse de él totalmente.

La Ley de Causa y Efecto es en realidad la ley más justa que aplica el Universo sobre el hombre. Por lo tanto, cuando evalúas tu propia existencia, la vida que llevas, es importante que entiendas que la misma es la acumulación de tus actos del pasado.

Lo bueno es que no tiene que ser necesariamente parte de tu futuro. Pues en la medida en que persigas la felicidad, que aprendas a ser feliz, estarías forjando un mejor futuro. Sea cual sea ese pasado, de vidas pasadas o la que vives ahora, lo que determinará tu futuro será lo que hayas sembrado en el pasado y lo que cambiará ese futuro será cómo decidas vivir ahora.

Por lo tanto, la felicidad de uno está determinada por las vidas pasadas y por esta vida, de acuerdo con los actos y las lecciones que se nos presenten. Ese grado de felicidad lo puedes cambiar comprendiendo tus lecciones de antemano y sabiendo vivir mejor tu presente.

La ciencia ha explicado que existe una relación entre el ADN y la felicidad de la persona.

Aparentemente, nosotros nacemos con un punto de ajuste de felicidad, una característica que nos ofrece potencialmente alcanzar la felicidad a lo largo de nuestra vida.

La magnitud de ese punto depende del lado positivo o depresivo de la familia, o igual de los dos progenitores. Este detalle no se sabe a ciencia cierta.

Lo que sí está establecido es el hecho de que uno viene ya predestinado, bien sea por el ADN, por los astros o por lo que sembró en otras vidas, a una vida de felicidad o a una de sufrimiento y depresiones continuas. Insisto una vez más en que si despertamos consciencia acerca de nuestra naturaleza con lo que vemos a través de la carta podremos hacer los cambios necesarios para transformar nuestro destino en uno más positivo y que nos haga felices.

«Pero aquellos que colocan su felicidad en el placer son dirigidos por los menos dignos de las musas».
DIÓGENES LAERTIUS

Los estoicos entendían que el objetivo, el «telos» de la vida, es vivir consistentemente en armonía y de acuerdo con la naturaleza del Universo, y hacer esto es sobresalir con respecto a nuestra propia naturaleza esencial como seres racionales y sociales. Esto también se describe como «vivir según la virtud» o *areté*.

La filosofía estoica –filosofía griega que era practicada por Séneca, Epictetus y el emperador Marcus Aurelius– asumía que el objetivo del hombre era ser feliz, «eudaimonia», y que eso se conseguía a través del amor propio, el amor al prójimo y no dejar que la vida se vea alterada por aquellas circunstancias sobre las que no se tiene control.

En otras palabras, un hombre sabio sabe amarse, ama a su prójimo y acepta el destino que le corresponde.

Entender esto, aceptarlo y aplicarlo como estilo de vida nos sirve como una especie de terapia; es una manera de fabricar un estado de resiliencia para sobreponernos a las adversidades y lecciones que nos ofrece la vida.

Por lo tanto, una vez comprendamos nuestro destino, nuestra naturaleza, quiénes y cómo somos, que dentro de lo que somos nos podemos continuar amando y amar a nuestro prójimo, se activa una fortaleza en nosotros que nos permite adaptarnos positivamente a las circunstancias que se nos presentan.

Una manera en la que lo podríamos explicar sería esta: la muerte siempre está presente, sonriéndonos, esperando el momento para tocarnos a la puerta y llevarnos con ella.

¿Qué podemos hacer? ¡Nada! Aceptar que es parte de nuestra naturaleza, que a todos nos corresponde llegar ahí y que lo único que podemos hacer es devolverle una sonrisa.

En otras palabras: si estás ante situaciones o circunstancias de la vida sobre las cuales no tienes control, déjalas ir y no dejes que eso sea lo que determine quién eres, cuánto te debes estar amando o cuán feliz deberías ser, y adopta esa filosofía estoica de aceptar lo que no puedas cambiar.

Eso no significa ni es igual que dejarse ir a la deriva, navegar sin capitán y que sea la vida la que tome su curso. Al contrario; como explicara Musonius Rufus, el eminente maestro estoico del Imperio romano en repetidas ocasiones: *«para protegernos debemos vivir como médicos y tratarnos continuamente con la razón»*.

Ser feliz es prevenir, evaluando el pasado para ver hacia dónde nos encamina el destino, o sea el futuro, con la intención de vivir mejor el presente.

¿QUÉ HAY DEL LIBRE ALBEDRÍO?

«Cualquier dolor que el destino de los dioses nos pueda enviar aquí resiste lo que sea que te golpee, con paciencia, sin murmurar. Para aliviarlo hasta donde puedas está permitido, pero refleja que no hay muchas desgracias que el destino haya dado al bien».
Los versos dorados, PITÁGORAS

«Porque él es libre para quien todas las cosas suceden de acuerdo con su elección, y que nadie puede contener».
EPICTETUS

Por siglos, el tema de libre albedrío y el determinismo ha sido un debate filosófico complejo de contestar, y aún en esta era moderna la discusión parece no llegar a una conclusión concreta.

Los estoicos eran deterministas: entendían que todo acontecimiento estaba predeterminado, aunque paradójicamente pensaban que el ser humano era responsable de sí mismo y que tenía el poder de actuar y tomar decisiones de acuerdo con la «razón». Que está en nosotros esa oportunidad de hacer de la vida lo que uno desea, especialmente cuando actuamos con virtud.

Para los estoicos, el «libre albedrío» se refiere a la libertad metafísica que tiene el alma de actuar independientemente de los factores causales, que son determinados antes de entrar en esta existencia.

La ambigüedad surge de la interpretación que le da el hombre al hecho de que somos capaces de realizar una función prescrita si no se nos obstruya el paso.

Uno puede conducir un coche por un camino recto sin detenerse, a menos que otro coche se atraviese de por medio. Tú puedes actuar libremente siempre y cuando otro no restringa tu libertad física o mental.

En otras palabras, nuestra mente es autónoma en la medida en que puede determinar la dirección en la que actúa de acuerdo a la naturaleza de nuestro carácter. Sin embargo, los acontecimientos externos, las lecciones de vida que inciden sobre nosotros activarán una serie de respuestas cuyo control no tendremos. Cada una de nuestras acciones serán el resultado de una combinación de factores «internos» que harán que nuestra naturaleza se manifieste y de factores «externos» que provocarán que nuestra naturaleza se altere.

Es por eso por lo que es menester recordar que libertad en el sentido normal no es incompatible con determinismo, pues el término no hace referencia a nuestra capacidad de llevar el coche en la dirección recta; tú tienes el control sobre el volante y el vehículo va en la dirección que tú deseas. En el momento en que algo se interponga en el camino tendrás la oportunidad de tomar las opciones que entiendas sean necesarias: si ir a la derecha, a la izquierda o detenerte, o no tomar ninguna acción. Sea cual sea, tu decisión estará basada en las experiencias del pasado, en situaciones similares que hayas vivido y, sea cual sea esa acción, la misma forjará tu futuro.

Desde el punto de vista astrológico, el desconocimiento de esas «causas» hace que el destino de uno se cumpla. Cuando tienes conocimiento de antemano de lo que vendrá, entonces tus decisiones pueden ser más sabias.

Veámoslo desde esta perspectiva: el GPS te pone sobre aviso de que el tráfico es lento por un accidente reportado a varias millas. Te detienes y el GPS te ofrece varias alternativas a escoger antes de llegar a esa cola interminable, una ruta más conveniente. Ahora estás en posición de evaluar tus alternativas con más calma, reflexionar sobre las rutas alternas y ver cuál es la más conveniente.

La astrología es eso: una ventana que nos ayuda a reevaluar ese pasado; es el GPS que nos permite ver el camino que nos espera y ejercer el libre albedrío que nos corresponde.

UNA MISMA MONEDA

> *«Lo que te suceda ha estado esperando que suceda desde el principio de los tiempos. Las hebras de la suerte tejían ambos juntos: tu propia existencia y las cosas que te suceden».*
> Marcus Aurelius

El libre albedrío y el destino son una misma moneda con dos caras. En el plano espiritual elegimos las lecciones que habremos de vivir, firmamos un contrato y realizamos nuestro rol teatral en el plano terrenal.

Deberíamos conocer el destino si deseamos alterarlo de alguna manera; no podremos cambiar nada a menos que despertemos consciencia acerca de lo que nos corresponde vivir. Aun así, habrá situaciones de las cuales no se podrá escapar.

Tú podrás tener la voluntad de levantar un pie y sostenerte quieto sobre el otro. Pero en el momento que se te solicite que levantes el otro pie no podrás mantenerte, a menos que seas consciente de que te puedes caer si no hay nada que te sujete. Por lo tanto, estás atado a la superficie que te sostiene y a lo que allí ocurra en el futuro.

Mi experiencia me ha enseñado que existe cierto límite para ejercer el libre albedrío; y para aquellos que no busquen conocer su destino, ese libre albedrío será aún más limitado.

Cuando tomamos consciencia de lo que constituye nuestro destino, de hacia dónde se encamina nuestra vida, entonces gozamos de mayor inherencia sobre la vida que nos corresponde vivir.

Una clienta casada se lió sentimentalmente con un hombre. En su carta vi que ella podría estar por iniciar o ya había iniciado una amistad con esa persona. Me confesó que era cierto, que le agradaba muchísimo y que era soltero. Le aseguré que no, que el hombre ocultaba la verdad y que le traería problemas con su pareja, ante lo cual ella me aseguró que él no tenía pareja como tal.

Semanas más tarde, me llamó para comentarme que era cierto, que él tenía pareja y que ella (la pareja) había comenzado a sospechar de su amistad y que la llamó para advertirle de que conocía a su esposo y que divulgaría su relación.

Mi clienta se alejó de él y evitó mayores consecuencias. Sin embargo, mi advertencia inicial no fue escuchada y ella prefirió dejarse llevar por los placeres, abandonando así sus virtudes.

¿Estaba eso escrito en su carta? Claro, se le advirtió que sus acciones podría tener consecuencias y que él le mentía. ¿Pudo ella haber escogido otra ruta? La opción de alejarse de él estaba disponible; sin embargo, ella optó por continuar con el flirteo y la pareja del otro se enteró.

Ahora, ¿qué hubiera pasado si no me hubiera consultado? Probablemente ella habría cometido alguna imprudencia. El enojo de la otra mujer quizás hubiera provocado que el marido de mi clienta se enterara. O quizás nada habría pasado. No sé, aunque todo parecía indicar que había un escándalo cuajándose.

Esto es solo un ejemplo sencillo de lo que es ejercer el libre albedrío. Hay otras circunstancias donde el destino de uno está tan determinado que por más que hagamos no podremos cambiar lo que nos corresponde vivir.

Convertirte en millonario, por ejemplo. Si no está en tu destino, no importa el esfuerzo que hagas, nunca lo podrás lograr.

Como no lograrás ser el presidente de los EE.UU., o ser una artista famosa; sencillamente habrá una serie de elementos y factores en la carta astral que denotarán que la persona no está destinada a lograr ciertas grandezas.

Podrás lanzar la moneda al aire, pero lo que está escrito para ti, no importa la ruta que tomes, te llevará por el sendero correspondiente para que tu propósito de vida se manifieste.

El camino que hayas labrado ayer es el origen de las decisiones que tomes hoy y las lecciones que vivirás en el futuro. De igual manera, la vida que vivas determina el karma del mañana.

ASTROLOGÍA Y KARMA

«Mis acciones son mis únicas pertenencias. No puedo escapar de las consecuencias de mis acciones. Mis acciones son el suelo sobre el que me mantengo».
Thích Nhất Hạnh

Uno de los aspectos de la astrología que más me llama la atención y me fascina es cuando repaso eventos y lecciones del pasado. Antes de comenzar mi consulta hago un repaso de la carta del nativo (cliente) con tres objetivos:

El primero es corroborar que la hora que estamos utilizando es la correcta. Lo que más perjudica la credibilidad de un astrólogo es desacertar en sus pronósticos, y en ocasiones esto puede ocurrir si la hora de nacimiento es incorrecta. En un sinnúmero de ocasiones, repasando eventos o describiendo personas vinculadas a la persona en cuestión, me percato de que estoy totalmente equivocado. Entonces prefiero detener la consulta y advertirle que probablemente su hora sea errónea y que antes de continuar debería cerciorarse de la exactitud de esta.

El segundo objetivo es generar credibilidad en la persona, si soy capaz en cuestión de minutos. Ver cuándo estuvo su madre embarazada de ella y lo que estaba ocurriendo, ver épocas de depresión, la separación de una pareja, la pérdida de un trabajo o una mudanza; con el acierto de los pronósticos inmediatamente se establece la confianza y la credibilidad.

El tercer objetivo –y quizás el más importante– es dejar claro que todo estaba escrito desde el momento en que uno nace. Siempre establezco la siguiente pregunta: ¿Quién escribió tu destino?

Por lo general la contestación más común es que fue Dios, por lo que suelo bromear y les digo: «entonces Dios la tomó contigo». Raras veces algunos aciertan al contestar que fueron ellos los autores de su destino. Quizás en el momento no se den cuenta, pero esto nos ayuda a establecer esa noción de que la vida no se limita a la participación en un proceso evolutivo espiritual de una sola existencia.

Al contrario, nos permite ver que la personalidad que adquirimos en esta existencia es una miríada de experiencias del alma. Cuando regresamos adoptamos una personalidad acorde con las lecciones que hemos vivido en el pasado o las lecciones que contribuirán a nuestro crecimiento espiritual.

Esa serie de encarnaciones van creando una personalidad, un entorno y un cuerpo que estarán sintonizados con las lecciones que habremos de vivir. Es lo que yo llamo «nuestra naturaleza», o sea, lo que somos en esta existencia. De esta manera, la personalidad contribuye a las aptitudes y lecciones que nos toca aprender, ya sea de manera consciente o inconsciente.

Toda esa gama de emociones como la ira, el vacío, las inseguridades, la envidia, el odio, los celos, son parte de nuestro desarrollo evolutivo en esta existencia, ese cuerpo flaco, musculoso, gordo o desproporcionado, blanco o negro, alto o pequeño; esa capacidad inteligente o «bruta» de una familia disfuncional o funcional es parte de ese proceso y se ajusta perfectamente al desarrollo del alma. Eres lo que te corresponde ser y, al conocer tu destino, podrás ser mejor de lo que crees.

Por lo general el ser humano no está al tanto de sus encarnaciones, aunque existen estudios que documentan el testimonio de niños o personas que alegan recordar sus vidas pasadas. Quizás una de las figuras más reconocidas sobre este tema sea el doctor Brian Wise.

Algunas personas me han preguntado: ¿Qué ocurre después de que uno muere? El alma regresa a ese espacio donde no hay tiempo, dolor o sentimiento de culpa, regresa a su estado inmortal, a ese estado natural que le hace compasivo, donde tiene claridad y está lleno de infinito amor. De acuerdo con su grado de avance espiritual, su frecuencia cambia, asume otro color que distingue ese crecimiento espiritual, dejando atrás su escuela. Ese gran escenario y obra teatral que el alma acepta voluntariamente vivir, lo hace con la única finalidad de continuar creciendo espiritualmente y alcanzar su grandeza.

No hay un principio o un final; es un flujo continuo de crecimiento y engrandecimiento de luz.

Al encarnar en esta existencia se entrelazan una serie de energías que básicamente se nutren de una energía vibracional que tiene que ver con lo que imparten tus guías, el compromiso que haces al querer aprender de las lecciones del pasado, tu relación con los planetas cuando entras en esta existencia terrenal, con las energías vibratorias del ambiente que te rodea y las que surgen de tu interacción con dicho ambiente.

Cuando estamos centrados, cuando conocemos y somos conscientes de nuestra naturaleza, es más fácil que el alma y la vida terrenal coexistan en armonía y encuentren su propósito de vida. Sin embargo, cuando una persona parece estar errante, desenfocada o falta de luz, pierde su brújula interna y se distancia de su alma y todo lo que esta representa en su vida.

Nuestros actos, por pequeños que sean, tienen una repercusión mucho más amplia de lo que nos podríamos imaginar. Un acto de bondad quizás toque a muchas personas, pero un acto de odio, maldad, tendrá una extensión mucho más amplia de lo que la vista o nuestra imaginación puedan alcanzar. Ese acto te podrá parecer que tendrá pocas repercusiones sobre ti, pero lo cierto es que estás sembrando karma y al final tendrás que experimentar el dolor de otro. Dentro de esta realidad física, la dinámica se refleja en la tercera ley del movimiento: *«Por cada acción hay una reacción igual y opuesta»*.

El karma no tiene la intención de convertirse en una energía de dinámica moral, pues el Universo no juzga; el karma es una energía impersonal que se verá reflejada durante nuestra transición por esta vida terrenal. Es una energía que está dirigida por quien crea la intención. A aquel que propina el golpe, le será regresado el golpe. Por lo tanto, tú recibes de acuerdo a cómo das. Siempre les recuerdo a mis clientes que de acuerdo a cómo tú te ames, así te amarán los demás.

La astrología nos ayuda a conocer dónde está el desequilibrio emocional y físico de nuestra vida. Las estrellas delinean esas energías que van trazando las huellas de lo que será nuestro destino. Si vivimos de acuerdo con los principios que el alma tiene definidos en nosotros, si nos acogemos a lo que nos corresponde y sabemos vivir en esa armonía, entonces sabremos sobreponernos a las lecciones que la vida o el destino nos tienen preparadas. Viviremos la vida de manera estoica.

Si decidiésemos vivir una vida contraria a la que el Universo tiene para nosotros, entonces estaríamos perdiendo el norte, estaríamos desenfocados, errantes por la vida, persiguiendo aquello que no nos corresponde, dejando que se manifiesten las energías que nos fueron enseñadas durante nuestro crecimiento de envidia, avaricia, codicia y enojo, porque sentiremos que no necesariamente estamos obteniendo aquello a lo que creíamos haber sido destinados. En la medida en que perdamos ese control, esa brújula, el lado oscuro se irá apoderando de nosotros y el deseo de amar y perseguir el crecimiento espiritual se irá apagando.

La astrología es una manera de entender lo que nos ocurre; vemos plasmada la vida que podríamos llevar, pero tenemos la capacidad (el libre albedrío) de vivir la vida que nos corresponde. Es eso, una moneda con doble cara: una, la que es creada por esas energías vibracionales que se imparten desde el momento en que entramos a este mundo; y la otra, la que decidimos encontrar en nosotros creando la vida espiritual que en realidad desea nuestra alma. La decisión siempre será nuestra.

Esta es la manera de crear equilibrio en el alma para convertirnos en seres completos, sintiendo el efecto que causamos en otros. Siendo completo, te fijas en ti, eres creativo, vives el presente y disfrutas de todo lo que te da la vida. No solo con ese mundo exterior, también contigo mismo. La compasión no es únicamente con los demás, es también para con uno, es ver en los demás lo que asimismo hay en ti. Es ver reflejadas tus intenciones en los demás, y ver las intenciones de los demás reflejadas en ti. Sean cuales sean las circunstancias que vivamos o que vivan los demás, lo apropiado es ver sin juzgar lo que le corresponde a cada cual.

Ver a una persona pidiendo limosna para comer no debería provocar rechazo, pena o menosprecio. Debería despertar en nosotros la compasión por sus circunstancias sin juzgar. Tampoco debemos percibirlo como algo injusto, porque las circunstancias que esa persona vive son las que le corresponde vivir.

La astrología nos confirma la vida que nos corresponde vivir a cada cual, despertando esa consciencia en nosotros. Y es una herramienta que nos facilita vivir la vida que nos corresponde de manera plena. Es la manera de creer en una justicia sin prejuicios, permitiéndonos ver todo el entorno de nuestra vida sin envolvernos en las emociones negativas que suelen surgir cuando no entendemos por qué no se nos da lo que deseamos.

Es la manera de desligarnos de los grilletes emocionales que han sido influenciados por las energías vibratorias que traemos como parte de esa personalidad terrenal que se va desarrollando. Es lo que nos permite ser más comprensivos con nosotros mismos y con los demás, abriéndonos así a ser más compasivos.

El que traigas a esta vida un Ascendente que refleje que serás depresivo no significa que tengas que vivir con depresión. Se trata de entender las lecciones que te corresponde vivir, sanar con esas lecciones y vivir la vida que el alma te tiene destinada. La astrología nos ayuda a encontrar la brújula nuevamente, nos permite encontrar ese propósito y vivirlo al máximo.

SEGUNDA PARTE

«El espíritu humano puede alinearse con el espíritu del Universo cuando vibra de conformidad con él, como las dos cuerdas de un laúd».
Marsilio Ficino

La primera parte la hemos dedicado a la astrología. He intentado explicar, entre otras cosas, que el grado de felicidad lo podemos ver en un mapa astral, pero que lo que la vida nos enseña no está determinado por ese mapa. Es solo una herramienta que nos permite proyectar luz para que el camino por la vida se nos haga más fácil y comprender el destino que nos aguarda.

Desde mi perspectiva, nos permite entender el porqué de nuestra felicidad, nos ayuda a avanzar en el proceso, a domar o cambiar ciertas características que quizás nos impidan lograr esa felicidad, pero no nos limita a alcanzarla.

Esta segunda parte tiene que ver con los hallazgos de la ciencia, la neuroplasticidad del cerebro y cómo algunas prácticas que iré exponiendo contribuyen a la sostenibilidad de la felicidad.

Si llegaste hasta aquí es porque estás determinado a ser feliz, y yo deseo ofrecerte otra perspectiva que ha sido apoyada por la ciencia como una herramienta que nos ayuda a ser más felices en la vida.

Algunas técnicas tendrán cierta resonancia en ti y otras no. Lo que debes entender es que no existe un billete gratis que te hará el camino más fácil; tú tendrás que trabajar para crear mejores hábitos. El cambio no cae del cielo y lo que estás por iniciar requiere de tiempo y de paciencia.

No, no verás resultados inmediatos, pero te sentirás más renovado. Habrá momentos en que te caerás, sentirás que has retrocedido, que eres inconsistente y te decepcionarás de ti mismo. En otras ocasiones se te olvidará, volverás a los viejos hábitos, y hasta que no pierdas ese estado de felicidad no volverás a pensar en este libro y en los cambios que deseabas lograr.

En fin, quiero que recuerdes que eres humano, que tienes todo el derecho a errar, retroceder y volver a caer en las malas costumbres. Lo que no tienes permiso es de quedarte sin hacer nada, estancado, inmovilizado. Para alcanzar esa felicidad extraordinaria que nos espera a todos y que tú mereces tendrás que iniciar cambios paso a paso.

Probablemente estés pensando: ¿habrá otra manera de lograrlo sin que tenga que trabajar tanto? Lamento decirte que no; el camino es largo, tedioso, y es necesario el compromiso contigo mismo para lograr esa felicidad de manera sostenible.

Si eres joven se te hará más rápido, pero si pasas de los cuarenta años, el bagaje de emociones será mayor y el camino te parecerá interminable. Tal vez sea un buen momento para plantearte la siguiente pregunta: ¿cómo sería si el proceso fuese más fácil? Mejor aún, ¿cómo sería mi vida si todo fuese más fácil?

Todos desearíamos un viaje sin tempestades en la vida, pero nadie se hace un buen navegante sin antes haber vivido las experiencias de una tormenta. Son esas lecciones, las tormentas que experimentamos en la vida, las que nos hacen más fuertes y esos deseos de cambio surgen de las lecciones que la vida nos ofrece.

¿Qué sucedería si enmarcáramos las cosas en términos de fácil desenvolvimiento en lugar de vivir con algún grado de tensión en la vida? ¿Podríamos encontrar resultados increíbles sin ninguna dosis de estrés?

Si la vida no nos ofreciera lecciones, retos y escollos en el camino, ¿qué aprenderíamos de ella? ¿Dónde estaría nuestro crecimiento? Estos retos son los que nos permiten enfrentar los desafíos personales, familiares, profesionales y de salud para hacer los cambios que nos corresponden.

Entonces, ¿por qué no asumir el mismo reto para ser felices?

Evalúalo cuidadosamente y te darás cuenta de que hay solo algunas necesidades verdaderas en la vida. Sin embargo, la mayoría de las personas no se sienten así. Una vida de hábitos, arraigada por la repetición, aparentemente nos puede convertir en esclavos de un maestro no siempre beneficioso: nuestro propio cerebro, nuestra manera de pensar.

Nada es más confuso o doloroso que cuando el ego se apodera de tus pensamientos, ataca tu autoestima, cuestiona tus habilidades, te agobia con ansiedades o intenta dictar tus acciones.

¿Alguna vez has sentido que algo te obligaba a «ir» a lugares, mental o emocionalmente, en los que no querías estar? ¿Te encuentras actuando de manera poco característica tuya o haciendo cosas que realmente no quieres hacer dejándote llevar por la mayoría en vez de por lo que te hace feliz? Hazte estas preguntas antes de continuar.

Por eso el trabajo de ser feliz puede resultar difícil porque tenemos que romper con viejos patrones, emocionales, físicos y espirituales. Aprender a dejar fluir y que esos pequeños pasos que demos sean los que determinen el éxito que logremos.

Esta segunda parte trata precisamente de herramientas que podrás usar para comenzar a construir una mejor versión de ti. Sin prisa, pues el único reto que tienes es con tu yo, contigo mismo, y con nadie más. No busques dar un salto enorme, pues te podrías encontrar con un abismo.

Ve poco a poco, con calma, celebrando cada logro, cada instante y cada paso extraordinario que logres. Así llegarás más rápido a la meta.

Comparto contigo mi experiencia, dieciocho años como astrólogo predicando lo mismo. Me tomó diez años lograr estar donde estoy hoy y aún soy un trabajo en curso, todavía me falta y sé que en esta vida no llegaré a donde deseo estar. Mi ventaja es que ahora tengo las herramientas para continuar mejorando esta versión de mí.

Sé que soy humano y me doy permiso para caerme y aprender de mis lecciones, deprimirme y saber que eso no es malo porque hay un reto que superar. Dejé de ver fracasos, desilusiones o de lamentarme de mi suerte. El estrés lo veo ahora como algo positivo en vez de permitir que agote mis energías, enciendo el «*switch*» y tomo esas energías como positivas para poner en perspectiva los retos que tengo por delante.

La satisfacción más grande que derivó de toda esta experiencia, de todas las lecciones que el Universo me ha dado (han sido muchas), lo que más agradezco es el hecho de que ahora estoy más preparado para ayudarte a ti, y es que aprendí que uno no puede ofrecer nada que no tiene.

Toma de este libro solo lo que te sirva; lo demás, déjalo a un lado. Quizás más adelante puedas resonar con alguno de sus capítulos.

Tus creencias religiosas, científicas y personales no deben ser el factor determinante para ser feliz. ¿No eres religioso, espiritual y no crees en nada? ¡No importa! Solo tienes que creer en ser feliz, que puedes ser feliz y que estás decidido a serlo.

Esa búsqueda por sí sola hará que obren en ti los misterios que hoy desconoces, que seas capaz de ver la vida desde otra ventana, de estar en otro estado vibratorio, de encontrar algo positivo donde solo veías lo negativo. ¿Qué es? ¡Qué importa!

Lo que importa es que lo que encuentres será tuyo y de nadie más. ¿Acaso iniciar ese camino no valdrá la pena? Comprométete contigo, inicia ese viaje único de ser feliz, lee y aplica aquello que a ti te sirva y deja que lo demás, sea lo que sea, haga el resto.

LA NEUROPLASTICIDAD
DEL CEREBRO

*«Y no os adaptéis a este mundo, sino transformaos
mediante la renovación de vuestra mente para que
verifiquéis cuál es la voluntad de Dios: lo que es bueno,
aceptable y perfecto».*

Romanos 12:2

Durante años el dogma de los científicos ha sido que el cerebro es lo que es, que tras de cierto período, el crecimiento su desarrollo se detenía en la adultez manteniendo una estructura con ninguno o pocos cambios. Sin embargo, una filosofía de más de 2.500 años, el budismo, enseñaba lo contrario y de manera simplista decía: lo que piensas, eso serás.

El descubrimiento de la neuroplasticidad del cerebro surgió durante el siglo XX, cuando se observó que durante el transcurso de la vida de una persona, el cerebro puede ser alterado aún en la edad adulta.

La idea no era nueva. Ya desde 1890, el psicólogo y filósofo William James había sugerido que el cerebro y sus funciones no eran fijas en su libro *The principles of psychology.* Sin embargo, no fue hasta el siglo XX que se comienza a estudiar y ver a través de estudios los cambios que se dan en el cerebro.

El doctor Norman Doidge, psiquiatra y psicoanalista, en su libro *The brain that changes itself,* explica que los estudios de Galileo sobre el espacio y sus cuerpos celestes le llevaron a creer que «toda la naturaleza funcionaba como un gran reloj cósmico» y estos cuerpos «comenzaron a explicar mecánicamente a los seres vivos individuales, incluidos nuestros órganos corporales». Vio el Universo como una máquina gigante más que como un organismo vivo. Cuando esta visión se aplica al cerebro, esto significa que sus partes tienen funciones cableadas, ya que una máquina tiene partes designadas para un área determinada.

¿Te suena? Debería, pues Galileo era astrólogo y comprendía perfectamente las leyes herméticas y especialmente una de ellas: el Principio de Correspondencia; *«como es arriba es abajo, como es abajo es arriba»*. El Universo está perfectamente organizado y tiene efecto en diversos planos como la mente, lo material y lo espiritual, estableciendo así su ley universal.

De la misma manera que la ciencia se mantuvo con unas ideas dogmáticas sobre el funcionamiento del cerebro y su capacidad de transformación, todavía se niega a ver a la astrología como un mapa que define de cierta manera el destino del hombre.

La ciencia estuvo ante un precipicio al reconocer que el hombre tiene capacidad de impactar sobre su pensamiento y opciones para cambiar, no solo la manera en la que piensa, sino respecto a las consecuencias que tiene el pensamiento sobre el cerebro, la salud y el porvenir de una persona. Las nuevas teorías han roto con los paradigmas del pasado.

El precipicio es más profundo aún cuando ignoramos una ciencia que ha sido obviada por siglos, la astrología, a pesar de la cantidad de eruditos, hombres de ciencias, filósofos y hombres espirituales que sí vieron su validez y la relación que tiene, no solo con predecir el futuro o ver condiciones de salud, sino también con lo que aqueja emocionalmente a una persona, sus tendencias emocionales, cuán feliz puede ser en esta existencia.

Pero ¿qué es neuroplasticidad?

Es la capacidad del cerebro de reorganizarse formando nuevas conexiones neuronales. La neuroplasticidad permite que las neuronas (células nerviosas) del cerebro compensen lesiones y enfermedades, y ajusten sus actividades en respuesta a nuevas situaciones o cambios de su entorno. Estos cambios no solamente tienen que ver con reponer lesiones, sino que son también una manera de crear nuevos hábitos que para bien o para mal, se irán manifestando a lo largo de nuestras vidas.

Es un hecho científico que nuestros cerebros están cambiando continuamente sus estructuras en respuesta a las demandas que ponemos sobre ellos y la forma en que vivimos, lo cual me lleva a recordar el Proverbio 23:7 que dice: «*Porque cual es su pensamiento en su alma, tal es él*».

En el libro *Talent Code*, Daniel Coyle[10] habla de «*un descubrimiento científico revolucionario que implica un aislador neural llamado Myelin, que algunos neurólogos ahora consideran ser el Santo Grial para adquirir habilidad. Este es el porqué. Cada habilidad humana, ya sea jugando al béisbol o tocando a Bach, es creada por cadenas de fibras nerviosas que llevan un pequeño impulso eléctrico, básicamente una señal que viaja a través de un circuito. El papel vital de Myelin es envolver esas fibras nerviosas de la misma manera que el aislamiento de goma envuelve un alambre de cobre, haciendo que la señal sea más fuerte y más rápida al evitar que los impulsos eléctricos se escapen. Cuando disparamos nuestros circuitos de la manera correcta –cuando practicamos con el bate o tocamos unas estrofas especiales– nuestra mielina responde envolviendo capas de aislamiento*

---

10   Fuente: http://thetalentcode.com

alrededor del circuito neural, cada nueva capa agregando un poco más de habilidad y velocidad».

Cuanto más gruesa es la mielina, mejor se aísla y más rápido y más precisos son nuestros movimientos y pensamientos. Seguramente esto te recuerda la reflexión de Aristóteles, que dijo: «*Somos lo que hacemos repetidamente. La excelencia, entonces, no es un acto, es un hábito*».

Por lo tanto, es la práctica, la constante repetición de un acto o ejercicio, lo que nos lleva a ir perfeccionando aquello que deseamos perfeccionar. Eso nos conduce a la creación de un hábito que, para bien o para mal, establece la rutina diaria de nuestras vidas. El libro *The power of habit,* de Charles Duhigg, expresa que: «*Una vez que comprenda que los hábitos pueden cambiar, usted tiene la libertad –y la responsabilidad– de rehacerlos. Una vez que comprenda que los hábitos pueden ser reconstruidos, el poder del hábito se vuelve más fácil de entender, y la única opción que queda es llegar a tu destino*». *¿Acaso esto no se parece a lo que digo repetidamente sobre el «despertar de la consciencia?*».

El hábito tiene una estrecha relación con las neuronas, la mielina, pues en la medida en que seguimos repitiendo un pensamiento, un acto, estamos haciendo una conexión en nuestro cerebro que al final nos llevará a producir un acto sin pensarlo. Como cuando te subes al coche para ir al mercado y tomas la ruta sin pensar para ir de compras.

Para cambiar un hábito se requiere que tomes consciencia del mismo y practicar una serie de ejercicios que te ayuden a reformar o cambiar en su totalidad el que tenías en el pasado.

Esto es sumamente esperanzador para aquellas personas que sufren depresión o entran en unos ciclos depresivos, pues ahora, comprendiendo la raíz del problema, despertando la consciencia acerca de su naturaleza, pueden ir cambiando su estructura cerebral a una más positiva. Lo que nos deja ver la ciencia es que podemos cambiar ese estado de «infelicidad» si transformamos la manera en cómo pensamos creando unos hábitos para que se dé ese fenómeno de neuroplastia, que provoca una serie de cambios en el cerebro.

El doctor Moskowitz escribió el libro *Your brain on pain*, que toca el tema del dolor y cómo podemos suprimir el dolor físico. Moskowitz describe el proceso necesario de dolor agudo que nos alerta sobre el peligro enviando señales a las dieciséis partes del cerebro que lo procesan y luego crean una percepción de dolor.

Cuando el peligro termina, el cerebro crea una «contra señal» que amortigua el dolor agudo a medida que el tejido cicatriza.

Moskowitz afirma: «*Este proceso [de dolor agudo] es muy diferente de la experiencia de dolor persistente, en el que la señal establece un ciclo interminable entre el cuerpo y el cerebro, los procesos inflamatorios se vuelven crónicos, los procesos antiinflamatorios se ven desbordados y las células nerviosas dedicadas al dolor aumentan hasta cinco veces*».

Ahora imagínate hacer eso para el «dolor que lleva el alma», esos estados emocionales que en ocasiones nos hacen sentir y creer que jamás saldremos de ese dolor. Si la ciencia ha podido amortiguar o eliminar por completo el dolor físico, claro que podrás cambiar ese estado emocional por uno que te traiga mayor felicidad.

NEUROPLASTICIDAD: CAMBIANDO TU DESTINO

«Uno tiene que investigar el principio en una cosa o un evento exhaustivamente... Las cosas y el yo se rigen por el mismo principio. Si entiendes una, entiendes la otra, porque la verdad interior y la verdad exterior son idénticas».
Er Cheng Yishu

Durante siglos el hombre ha estado en la incesante búsqueda de cómo lograr ese crecimiento personal. A través de terapeutas, *coaches*, místicos, gurús y temas esotéricos, las personas están todavía buscando cómo lograr un cambio significativo en sus vidas y cómo cambiar su destino.

¿Por qué algunos lo logran y otros no?

Ahora más que nunca, la ciencia antigua, y concretamente la astrología, emerge como una solución viable para ver de manera más rápida y concreta los misterios que podría guardar la mente humana. Ya no es solo una herramienta para pronosticar el futuro; en manos responsables y expertas nos ayuda a ver también las fisuras del pasado que han ido forjando parte de ese futuro.

Pero esto no es suficiente para lograr un cambio del destino; es solo el comienzo.

Para lograr algo sostenible, la ciencia hoy nos presenta un nuevo hallazgo que nos ofrece la esperanza de hacer cambios significativos en nuestras vidas, no solo acerca de cómo podemos pensar y establecer un estado mental más apropiado; nos ofrece cambios de salud como la recuperación de la vista, la eliminación de un dolor crónico, o recuperar la sensación en alguna parte del cuerpo.

Los últimos hallazgos son realmente prometedores: se puede pasar de ver tu vida de una manera inadecuada y poco significativa a tener una vida más productiva, optimista y prometedora, logrando forjar una mejor versión de ti.

CÓMO FUNCIONA

Es un proceso de volver a acomodar o crear nuevas extensiones de cables, neuronas que vayan reestructurando el cerebro, con la repetición de lo que hagas, visualices o digas. De esta manera el cerebro irá respondiendo a tus mandatos, creando una actividad neuronal que irá imprimiendo o generando nuevas estructuras de acuerdo con el pensamiento o actividad que tú inicies.

Laura es una joven que tiene una presentación en la empresa; de ella dependerá su progreso en la compañía. Laura es muy ansiosa, siempre muy crítica consigo misma, adjudicándose limitaciones que ni siquiera tiene. El día de la presentación, ¿cómo crees que se levantará? Claro, nerviosa, pensando en mil defectos que no ha superado, las palmas de sus manos sudorosas. Y a todo esto no entiende por qué ella es así, pues siempre le han dicho lo eficiente y buena empleada que esa.

Desde el punto de vista práctico lo primero que haríamos es ver por qué Laura es como es. La lectura de su carta astral nos daría una serie de indicativos como ver su regente del Ascendente en la Casa XII en su signo masculino. Esto denota en efecto que ella es muy crítica consigo misma. Que verbaliza sus propios errores, que es exigente y perfeccionista. Vemos también la figura de una madre que la ha criado sola y exige que ella sea mejor. Que la raíz de su problema se inicia con la separación de sus padres antes de ella nacer.

Poner al descubierto todo esto a Laura le ayudará a entender de dónde surge ese estado «natural» en ella.

A continuación se procede a realizar una serie de ejercicios que la ayuden a sanar esas lesiones que trae desde su nacimiento. Cómo lidiar con el ego y evitar que continúe llevándola a la autocrítica, con una serie de pasos que la fortalezcan y la ayuden a tener un estado feliz con ella misma y que a su vez sean sostenibles para una vida más fructífera.

En el momento en que Laura se despierte con ese estado de ánimo y continúe creando y fortaleciendo esas neuronas, se levantará más feliz, confiada y optimista para afrontar los retos que la vida le ofrece. ¿Cómo será entonces su presentación en la empresa?

¿QUIÉNES SOMOS REALMENTE?

¿Te imaginas todas las decisiones tomadas y en lo que te has convertido por pensar que eres lo que eres porque tus padres, un líder religioso, tus maestros o cualquier persona que se cruzó en tu camino te dijeron que esto era así porque sí? Que solo podrías llegar a donde llegaste porque no dabas para más.

Recuerdo la anécdota de Marc Anthony, el cantante puertorriqueño, que le dedicó el Grammy a su maestro de canto porque le dijo que no sabía cantar.

Si Marc Anthony hubiera permitido que ese comentario formase esa imagen de sí mismo, que él no podía cantar, si hubiera permitido que esas «neuronas negativas» influyeran sobre sus cuerdas vocales, ¿quién sería hoy? Él lo vio como un reto y no permitió que alguien externo programase su cerebro.

Socialmente, nuestra cultura, la familia, las creencias religiosas y la educación nos van influenciando y creando una persona que no es tal. Nos topamos con una naturaleza determinada, y si esta no es aceptable socialmente entramos en estados de depresión.

Las personas exitosas no permiten que determinen su actitud, su estado mental o cuáles deben ser sus creencias. No permiten la creación de dogmas o creen en los paradigmas establecidos[11].

Estas son personas que creen en sí mismas, que no tienen expectativas y saben que lo que les llega es lo que les corresponde, cuya vida no está determinada por su coeficiente mental sino por la fortaleza de seguir adelante, aun cuando se caigan mil veces.

Por lo tanto, depende de ti llegar al objetivo, a la meta que deseas, siendo consciente de lo que realmente te corresponde tener. Si quieres ser un excelente cantante, la práctica y la disciplina te ayudarán a llegar a ser un cantante excelente. Eso no significa que te corresponda ser famoso como Marc Anthony, pero tampoco significa que en tu vida no haya reconocimiento, admiración y que no puedas tocar el corazón de algunos.

Hay cantantes que no son buenos cantantes pero son famosos. A ellos les correspondía la fama y no necesariamente la voz.

DESFRAGMENTANDO LA MENTE

Tu pasado ha determinado en gran medida tu futuro, y tu presente está determinando cómo te ves en este momento. Si deseas cambiar el futuro tienes que iniciar un cambio de cómo te ves ahora.

---

11 Un ejemplo es el doctor Rupert Sheldrake, que establece que existen diez dogmas que evitan que la ciencia progrese, creando con ello una fuerte crítica dentro de la comunidad científica.

El sistema neuronal, esas imágenes que hemos incrustado en la mente, continuará viéndote de igual manera a menos que las directrices repetitivas que le envíes sean otras. Para cambiar las cualidades y los comportamientos futuros tienes que comenzar a generar una nueva estructura para domar los malos hábitos de pensamientos del pasado.

Esto conlleva visitar el estado de gestación inicial, cuando se creó la chispa entre el esperma de tu padre y el óvulo de tu madre y desde ese primer estado de consciencia continuar para ver los procesos que te llevaron a ser como eres. Hay que recordar de nuevo que eres como un ordenador; a medida que fueron y fuiste llenándote de información se fueron creando tus creencias. Igual que el disco duro del ordenador, cierta información se aloja en áreas que lo hacen más lento y no que permite la información compute bien, creando así una especie de confusión. Hay que hacer una desfragmentación de la mente para poder iniciar el proceso de reajuste de las neuronas y comenzar otras nuevas.

El poder identificar los diversos procesos y cómo eso fue forjando tu manera de pensar ofrece valiosísima información de quiénes somos en la vida y por qué somos como somos.

Esto nos permite liberar el infinito potencial que guardamos en nuestro interior y que nos ayudará a lograr la felicidad que merecemos. Lo que es importante es que sepas que ese potencial infinito que tienes jamás se borra, está ahí esperando a que abras las puertas adecuadas para poder ser feliz.

Lo único que hace la vida es cubrir ese potencial que tienes para someterte y hacerte creer que no vales. Es probable que esto ocurra para darte las herramientas necesarias para que vayas descubriendo ese potencial poco a poco, y así en el proceso recibir las lecciones que te llevarán a crecer espiritualmente. Lo importante es que entiendas que ese potencial está ahí y que de ti depende lograr una mejor versión de ti mismo.

¿HACE FALTA EL ASTROCOACHING?

Sí, el «astrocoaching» es una de las tantas herramientas que se pueden utilizar. La ventaja de esta técnica es que puedes identificar dónde están ocultos esos asuntos que traes a la vida, liberarte de ellos más rápido y comenzar a crear un estado mental más certero.

Lo que es importante y lo que deseo transmitir en este capítulo es que tu destino no está escrito en piedra, que es posible lograr unos cambios significativos en tu vida centrándote en esas áreas que deseas mejorar para lograr una felicidad sostenible.

Una vez lo inicies, el cerebro se irá deshaciendo de las estructuras que ya no le hacen falta, sustituyéndolas por estructuras nuevas. Como si fuera un ordenador, le dará a *delete*, creando el espacio para crear nuevos hábitos más positivos.

Lo importante es crear un plan maestro de lo que realmente deseas lograr y por qué deseas lograrlo.

Asegúrate de que no estás expuesto o minimiza la exposición a situaciones que provoquen que se vaya creando un espejo que afecte a tus neuronas. A lo que me refiero es a que debes evaluar quiénes son tus amistades o con quién estás compartiendo tu tiempo. Sus palabras, su comportamiento podrían estar influenciando o activando viejas costumbres o pensamientos que detienen tu progreso. Lo mismo ocurre con la familia; tú puedes escoger a tus amistades pero no a tu familia.

Por lo tanto, cuando estás con la familia puede darse un detonante emocional (un chiste de mal gusto que te recuerde un evento), que le envíe un mensaje al cerebro que estaría reviviendo una experiencia pasada o lecciones que te provocan tristeza, sentido de culpa, dolor, amor o tristeza. Lo mismo podría ocurrir con las amistades o en el trabajo, o en un evento en particular, que podrían activar ese detonante en ti.

El cerebro está recibiendo mensajes inconscientemente y duplicando la actividad neuronal de las personas con quienes estés.

Sea quien sea con quien estés, estás creando una «impresión» de su programación, activando así nuevamente esas viejas costumbres o modos de pensar o actuar. Todo esto se produce y ni siquiera te darás cuenta de lo que está ocurriendo.

El cerebro se irá llenando de información hasta adoptar de nuevo el comportamiento que deseabas abandonar.

Lo mismo ocurrirá con lo que ves en la televisión, el libro que lees, las películas en el cine y el ambiente que frecuentes. Con lo que vayas alimentando tu cerebro determinará quién eres.

LAS REGLAS DE LA NEUROPLASTICIDAD

«Confía en ti mismo.
Cada corazón vibra con esa cuerda de hierro».
Waldo Emerson

Como habrás notado, he ido desvelando escuetamente lo que es neuroplasticidad del cerebro. Hay muchísima más información sobre el tema muy interesante. Te he ido explicando cómo somos capaces de cambiar nuestro destino, especialmente en relación al tema de la felicidad.

Existen una serie de reglas que podríamos aplicar para lograr de manera más efectiva los resultados que buscamos. Si deseas conseguir de manera deliberada un cambio significativo en tu vida, el compromiso y la práctica continua son necesarios para lograr el resultado que buscas.

Poner en práctica algunos de estos pasos y los consejos que te daré a continuación te ayudará enormemente a obtener esa felicidad que mereces y, lo que quizás sea más importante aún, mantener ese estado. Aun cuando a veces sientas que lo estás perdiendo, podrás retomar lo que aquí has aprendido y volver a ese estado que deseas.

En los próximos capítulos te ofrezco una serie de reglas o consejos que te aportarán recursos para desarrollar la neuroplasticidad, que ayudarán a tomar control sobre tus pensamientos, tus objetivos y el resultado de tu destino.

Todos estos elementos tienen que ver con la mente, el estado mental que asumas y cómo la mente y el cerebro irán interactuando entre sí para crear una nueva programación. Para lograrlo, comienza con pensar en ello y poner en práctica lo que aquí expongo. En la medida en que hagas esto, estarás conscientemente ayudando al cerebro a crear y acumular información que irá forjando una nueva programación, logrando así los resultados deseados.

Cuando estableces una rutina aplicando estos consejos, no estarás a la deriva; le estás dando dirección a tus motivaciones, teniendo así más control sobre tu destino. Es vital que tengas consciencia plena de tus pensamientos, que no se desvíen y, cuando ocurra, que entiendas que tienes las herramientas para retomar el camino para ser feliz.

Procura convertirte en maestro de cada uno de los doce pasos para ser realmente feliz. Una vez que hayas dominado cada uno de ellos, tu vida estará llena de felicidad. Pero lo que te traerá más satisfacción es que tu entorno también cambiará, y todos aquellos que están a tu alcance participarán de tu crecimiento personal.

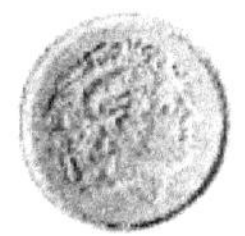

ESTABLECE PRIORIDADES

*«Lo que importa más nunca debe estar a merced
de lo que importa menos».*
GOETHE

No hace falta que te diga que te detengas un minuto y mires a tu alrededor para que te des cuenta de cuan rápido se mueve el mundo. Es más, probablemente en estos momentos andes de prisa, estés leyendo esto y evaluando si este capítulo valdrá la pena leerlo o no. Claro, desde que somos jóvenes te están diciendo que tienes que establecer prioridades, que no pierdas el tiempo, y seguramente por eso pienses que esto es un refrito de cosas que ya sabes pero que no aplicas.

Si es así, definitivamente ¡detente! Baja la velocidad y comparte unos minutos conmigo, pues quizás este sea de todos el capítulo más importante.

¿Estás en modo multitarea? ¿Inicias una cosa y antes de terminarla has empezado otra? ¿Sabes cuánta energía se desplaza y pierdes cuando te sientas a contestar tus correos electrónicos o los mensajes de Facebook?

El efecto que todo esto tiene es devastador para el cerebro, de manera que cuando terminas y deseas ponerte con esas tareas que sí son importantes, ya no tienes la fuerza ni el ánimo para comenzarlas.

La diferencia entre priorizar las tareas de tu día y crear el hábito de hacerlo (ver próximo capítulo) te permitirá iniciar un día extraordinario, con resultados positivos que irán contribuyendo a tu felicidad.

Hay que conocer la capacidad finita de la energía de nuestro cerebro y la importancia de priorizar las cosas más importantes para ser eficaces. Tú puedes decidir cómo vas a iniciar tu día y tener un día extraordinario estableciendo lo que debe venir primero.

El pequeño gesto de sentarte por la mañana o en algún momento específico del día para establecer lo que tiene más importancia en tu lista de tareas pendientes te puede llevar a cambios realmente enormes en cuanto a la calidad de tu día a día.

Y es que el efecto compuesto de esta súper y simple práctica es sorprendente. Yo lo que hago es que uso mi «Google calendar» que a su vez se sincroniza con mi agenda de trabajo cuando alguien hace una consulta. Separo los días en los que voy a escribir, establezco mis prioridades con «recordatorios» de lo que debo llevar a cabo, y hasta separo mi ratito de descanso dentro de mis horas de trabajo.

Los estudios científicos arrojan fundamentos neurocientíficos acerca de cuan limitada es la energía de nuestro cerebro, cuan rápidamente se puede agotar y cuan intenso es el proceso de priorización de la misma; por eso, si te dejas absorber por los medios sociales, las noticias o los mensajes electrónicos, a menudo es difícil volver a conseguir el ánimo y la fuerza necesarios para hacer tu trabajo de manera profunda.

El libro de David Rock, *Your brain at work*, nos da a conocer un estudio realizado en la Universidad de Londres donde se encontró que estar leyendo los correos electrónicos y los mensajes constantemente reduce la capacidad mental un promedio de diez puntos en una prueba de cociente intelectual, cinco puntos para las mujeres y quince para los hombres.

Este efecto es similar a perder una noche de sueño. Para los hombres es alrededor de tres veces más que el efecto que produce fumar cannabis.

¡Te das cuenta! Sales mejor parado fumando marihuana que estando pegado a tu teléfono móvil mirando los correos electrónicos. Los hallazgos son sorprendentes y sin embargo no evaluamos cuidadosamente el daño que nos estamos haciendo.

Cuando estamos incesantemente con el móvil aumenta lo que se conoce como carga «alostática», que es una lectura de hormonas del estrés y otros factores relacionados con una sensación de amenaza. El desgaste que esto produce tiene un impacto fuerte que va deteriorándonos emocional y físicamente, haciéndonos sentir exhaustos al final del día.

Por lo tanto, como diría David Rock, «*minimiza el uso de tu energía y maximiza tu desempeño*».

Debemos establecer unas áreas de prioridad que nos permitan sentir que hemos logrado nuestros objetivos, utilizando el menor esfuerzo y obteniendo los mejores logros. Una de las primeras áreas que debes evaluar definitivamente es el tiempo que te dedicas a ti. Aunque es cierto que a todos nos gustaría estar en las islas Fidji, esquiando en las montañas de Denver o navegando por las islas griegas, no todos tendremos oportunidad de hacerlo. Pero eso no significa que no puedas dedicar un tiempo de calidad para ti, que puedas llevar la mente a un estado de reposo y aliviar las presiones que ciertos días te puedan traer.

Para eso, más adelante te presentaré doce pasos que te podrán ayudar a ser feliz realmente. En la medida en que aprendas a dedicarte tiempo, a establecer una rutina, un ritual o buen hábito, te sentirás mejor contigo mismo.

El siguiente paso es establecer una lista de prioridades con respecto a tu familia, que no solo integre las tuyas sino que también contribuya a mejorar su entorno y su aprendizaje para que todos estén en sintonía con el mismo objetivo.

Finalmente, el trabajo y cómo hagas de ese entorno uno agradable y de provecho también es importante si deseas mantener un estado de ecuanimidad y más productivo.

Por supuesto que habrá momentos en que tendrás que salir de lo que has establecido para el día, improvisar después de haber roto con la rutina y luego retomar tus prioridades cuando el momento lo amerite. En vez de sentirte estresado, aprende de lo que te pueda ofrecer esa lección, reinicia tus prioridades y deja que todo fluya y vuelva a la normalidad.

Lo importante siempre es retomar la práctica de priorizar todos los días, establecer el hábito hasta que se vuelva natural en ti, que sientas que cuando no lo hagas te falta algo. Por supuesto que habrá días en que no lo desearás y solo quieras retirarte al descanso; deja que te sorprendan, que el día sea espontáneo. Eso también es saludable para lograr recuperar las energías que hemos perdido.

CREANDO BUENOS HÁBITOS

«Toda nuestra vida, en la medida en que tiene una forma definida, no es más que una masa de hábitos».
William James

Cerca del 80% o más de nuestro comportamiento está basado en hábitos. Desde que nos levantamos hasta que nos acostamos, repetimos una y otra vez el mismo comportamiento. Tomas la misma ruta para tu oficina sin pensar, aparcas (seguramente en el mismo lugar), te sirves café, revisas tus correos electrónicos y, en fin, todo lo haces sin darle segundos pensamientos a tu comportamiento.

Durante el transcurso de nuestras vidas vamos adquiriendo una serie de patrones, ya sean físicos o emocionales, que contribuyen a crear nuestra personalidad. ¿Qué es un hábito? Una acción que se realiza de forma repetida con poco o ningún esfuerzo o pensamiento. Cuando decides adoptar un nuevo hábito, digamos por ejemplo cambiar tu patrón de comida, estás realizando una acción para mejorar esa conducta vieja, en este caso la mala alimentación. Los viejos hábitos forman parte de lo que ya eres. Por lo tanto, habitualmente continúas repitiendo lo mismo de manera natural y sin pensarlo.

En la medida en que se va estableciendo un hábito, lo que ocurre es que la actividad cerebral que se da cuando estás iniciando algo nuevo va disminuyendo hasta casi cero, según vas repitiendo lo mismo una y otra vez. Cuando estamos aprendiendo algo nuevo, la actividad cerebral se enciende y activa mucho. Estudios indican que el ganglio basal, en la medida en que se repite un patrón, va almacenando ese patrón y el resto del cerebro se aquieta.

A este proceso mediante el cual el cerebro convierte una secuencia de acciones en una rutina automática se le conoce como «fragmentación» y es lo que se considera la raíz de un hábito. Nosotros hemos ido almacenando docenas o cientos de comportamientos fragmentados de los cuales dependemos todos los días. Un ejemplo que podríamos utilizar es salir del trabajo y tomar la misma ruta día tras día sin pensar. Levantarte por la mañana, ir al baño, lavarte los dientes y hacer café. Una rutina que no se piensa sino que se hace día a día de manera automática. En el momento en que se inicia el día, miles y millones de personas la llevan a cabo como autómatas, pues el ganglio basal se activa sin mucho esfuerzo y nos lleva a repetir una y otra vez un comportamiento.

El cerebro se comporta de esta manera porque con su rutina diaria busca ahorrar esfuerzo, aprendiendo, por así decirlo, a escuchar, ver o actuar a partir de un detonante que le recuerde que va a repetir el mismo patrón o hábito. El despertador podría ser el detonante para iniciar tu rutina de la mañana. ¿Por qué es importante entender este proceso? Comprendiendo cómo ocurre el proceso de construcción de hábitos se te hará más fácil reconstruir esos patrones de la manera más conveniente para ti.

Algunos de esos patrones se pueden identificar en tu mapa de vida desde el momento que naces, y en la medida en que el destino te lleve por ese sendero se darán una serie de eventos que reforzarán ese hábito con el propósito de que vivas una serie de lecciones en tu vida.

Lo que ocurre es que también albergamos unos comportamientos internos que tienen que ver con nuestro estado emocional y que se manifiestan en la manera en que respondemos a ciertas situaciones, comentarios, convicciones, miradas, creencias, que pueden ser conscientes o no, y que tenemos incrustados en nuestra mente. Son hábitos que crean escollos durante el curso de nuestra vida, que detienen nuestro progreso e inclusive nos restan la posibilidad de ser felices.

Un ejemplo es el caso de Alicia, una mujer que vivía sumida en una depresión y cuyo comportamiento diario la llevaba a sabotear cualquier oportunidad de salir de ese estado. No importaba el apoyo de su familia, los logros en su trabajo; sencillamente la satisfacción y la alegría no estaban presentes en su vida.

Cuando le pregunté la primera vez si sabía el porqué de su estado emocional respondió que no. Sin embargo, de acuerdo con su carta, la raíz de su problema era la ausencia emocional del padre y de la madre, no sentirse amada por ambos.

Esto se reflejaba en el tipo de hombre que atraía a su vida, fuerte de carácter, falto de compromiso y poco expresivo en la comunicación.

Cada vez que sufría algún rechazo, silencio o maltrato, fuese de quien fuese, ella entraba en una depresión. En otras palabras, lo que experimentó en su niñez, ya fuera por percepción o por comportamientos reales de parte de sus padres, la llevó a aislarse de los demás y sentirse sola.

Como consecuencia fue creando un hábito de aislamiento emocional que la condujo a esos estados depresivos, cada vez más frecuentes, al extremo de llegar a estar ingresada en una institución. Se convirtió en una costumbre para ella.

Cuando no ocurría ese «maltrato», su estado lo provocaba algún comentario hiriente, algún comportamiento inusual que llevaba a otra persona a actuar y confirmar lo que ella quería. En otras palabras, era habitual en ella deprimirse cuando se daban ciertas situaciones, o provocarlas cuando no se daban las mismas.

La raíz de su problema surgió a los tres meses del embarazo de su madre. Durante ese periodo se deterioró la relación entre su madre y su padre y ella sintió el rechazo de la madre hacia ella por la situación que atravesaba con su marido.

Una vez identificada la raíz del problema, podemos iniciar el proceso de cambiar un «mal hábito» por un «hábito bueno». Nos dice John C. Maxwell: «*Nunca vas a cambiar tu vida hasta que cambies algo que haces a diario. El secreto de tu éxito lo encuentras en tu rutina diaria*». Identificar esos hábitos es lo que hará posible que tu vida cambie.

Desde el punto de vista científico, como mencioné anteriormente, vas reforzando los ganglios basales, esa área que nos permite registrar lo que aprendemos y la automatización de la conducta. Por lo tanto, se puede considerar que los ganglios basales participan en la conducta emocional, y si se produce una disminución de la dopamina —uno de los muchos neurotransmisores que utilizan las neuronas para comunicarse entre ellas— habrá una disminución del placer.

¿Cómo logramos iniciar unos buenos hábitos? Primero, identificando cuáles son los malos. ¿Qué haces que entiendes que sabotea tus posibilidades de ser feliz? ¿Qué patrón repites una y otra vez? Escríbelos en una hoja y evalúa cuidadosamente tus hallazgos. Ahora bien, para cambiarlos es necesario utilizar una vieja técnica de publicidad que te ayude a comenzar ese objetivo.

Primero establece un motivo o señal que te ayude a identificar el mal hábito y conviértelo en algo positivo. Un ejemplo sería el sentirte triste, abrumado o ansioso. Una vez entiendas lo que te está sucediendo, ve al lavabo (esa es tu señal de acción) y mírate al espejo, sonríete y formula la siguiente pregunta: ¿qué estoy logrando con esta emoción? ¿Qué resuelvo? Puedo decidir no sentirme así.

Al haber establecido una rutina, cada vez que se dé la señal buscarás automáticamente resolver el asunto que tienes presente. Luego te sentirás cada vez mejor, probablemente incluso antes de llegar frente al espejo.

¿Cuál es tu recompensa? Que aumentas tu grado de felicidad.

Los hábitos se vuelven poderosos porque al usar señales creamos un deseo neurológico enorme. Esto llega con la práctica, la repetición una y otra vez. Es la misma técnica que utilizan las agencias publicitarias para crear un impulso y luego el hábito o la necesidad en el cliente.

Despierta el deseo, establece una rutina y obtendrás la recompensa.

Ahora es importante que entendamos que, al igual que el alcohólico, que no deja de ser alcohólico porque deje de beber, lo que hace el alcohólico es cambiar sus hábitos y domar sus deseos de ingerir bebidas alcohólicas. Mantener el mal hábito bajo control es un proceso continuo que requiere que te mantengas trabajando las buenas costumbres.

La organización Alcohólicos Anónimos establece una rigurosa rutina que pide que el individuo se comprometa a ir a noventa reuniones en noventa días, e incorpora además doce pasos, siete de ellos apelando a la parte espiritual. El programa funciona porque ayudan a identificar unas señales y recompensas que van creando nuevos hábitos.

Igual que Alicia, que una vez identificadas las señales que la llevan a sus estados depresivos comienza a tener más control sobre ellos y a domar ese comportamiento.

Lo que es alentador es constatar que los hábitos no son necesariamente tu destino; los podemos ignorar, cambiar o reemplazar, pues la ciencia se ha dado cuenta de que cuando emerge un hábito, el cerebro deja de participar en la toma de decisiones, deja de trabajar o se enfoca en otros menesteres.

Tú puedes cambiar ese hábito en la medida en que te enfoques en el mismo y adoptes uno mejor.

Por lo tanto, retomando el tema de cómo lograr cambiar esos malos hábitos y viendo la relación que tienen con un alcohólico, mi recomendación es sustituir unos hábitos (malos) por otros (buenos), siguiendo lo que dice el autor de *The power of habit*, Jack D Hodge: «*Después de identificar qué hábitos deseas desarrollar y qué hábitos deseas cambiar, es importante comprender cómo funciona el cambio de un hábito. A menudo se dice que los hábitos son difíciles de romper. Esta es una declaración inexacta. Los hábitos no se rompen, son reemplazados. En otras palabras, reemplazas, no borras los malos hábitos. Esta es una distinción importante porque si vamos a cambiar un mal hábito debemos considerar cuidadosamente con qué hábitos debemos reemplazarlo*».

La clave es mantenerte enfocado en el objetivo que tienes presente, en ese hábito que deseas cambiar. Los psicólogos nos dicen que tenemos una cantidad infinita de fuerza de voluntad y si queremos tener éxito en cambiar un hábito tenemos que centrarnos en un cambio de hábito importante cada vez.

La buena noticia es que cuando nos centramos en ese primer hábito que tendrá el mayor impacto positivo en nuestra vida, estamos fortaleciendo los músculos mentales del poder de la voluntad en general, haciendo posible un mayor éxito en los objetivos que perseguimos.

Por ejemplo el mapa de vida de una persona que está destinada a atraer a una persona egoísta y maltratadora en su vida nuestra que según vaya creciendo irá aprendiendo que el comportamiento del padre, probablemente fuerte y egoísta, se justifica porque su madre lo ama y lo tolera. Según pase el tiempo irá experimentando una diversidad de relaciones, sean de amigos o de parejas, sucesos de egoísmo y maltrato que ella misma seguirá justificando.

En ocasiones la persona se dará cuenta de lo que atrae y, por su experiencia con sus padres, ya de adulta será consciente de que no va ni quiere entrar en una relación igual.

Al formalizar una relación se dará cuenta de que está viviendo el mismo infierno que su madre, repitiendo los mismos patrones y de que el hombre que ahora tiene a su lado es igual a su padre en cuanto a personalidad. ¿Qué pasó? En la medida en que justificaba o pasaba por alto relaciones donde el maltrato y el egoísmo estaban presentes, el ganglio basal tomó el control y decidió acomodarse a las experiencias y no hizo esforzarse al cerebro a tomar acción o revisar su relación. En otras palabras: no basta con decirle que «no» al ganglio basal, sino que es necesario reeducarlo con nuevos hábitos.

Por lo tanto, esa mujer terminó en una relación similar a la de su madre, justificando que ese trato era una manera de amar. Y todo esto se dio en el plano subconsciente. ¿Por qué? Porque es más fácil acomodarse después de haber vivido la misma rutina y no cuestionarnos lo que está ocurriendo en nuestra vida, realizar una acción que se toma de forma repetida con poco o ningún esfuerzo o pensamiento, lo que nos impide así ser felices y lograr vivir una vida plena, como lo que ella merecía.

Ese «destino» que aparece en nuestro mapa de vida, igual que esos hábitos que emergen en nuestra vida, los podemos cambiar. Tiene que darse ese despertar de consciencia, saber cuál es nuestra naturaleza, esa que se manifestará durante el transcurso de nuestra vida. Hay que comprender las lecciones de esta vida y aprender de ellas para liberarnos de las que nos esperan en el futuro.

Una vez que iniciemos ese primer paso se nos hará más fácil empezar todo lo demás.

EVALÚA TUS ERRORES

La mejor manera de iniciar esos cambios de patrones es despertando consciencia acerca de los mismos. A través de una lectura responsable se pueden determinar las diversas áreas de tu vida que podrían mejorar, como tu personalidad, los asuntos relacionados con las relaciones afectivas, las relaciones familiares y hasta las físicas. Se puede determinar qué áreas te irán afectando más y cómo cambiarlas. Esto es especialmente útil si sientes que no tienes ni idea de por dónde empezar. Luego puedes evaluar tus errores, haciendo una lista de aquellas áreas que sientes que debes mejorar.

Una vez identificadas esas áreas que consideras débiles, establécete el reto personal de cambiar el comportamiento o hábito que continúa repitiéndose. No utilices expresiones que minimicen tu autoestima o amor propio.

Un ejemplo: en vez de decir *«qué estúpida soy por haber estado en esa relación»*, dirás *«soy mejor que él y tengo que aprender de mis errores»*.

En otras palabras, no te centres en un pensamiento fijo que no te permita crecer o avanzar emocionalmente; utiliza expresiones que te permitan mejorar y avanzar.

Si mantenemos una mentalidad fija creeremos que nuestras capacidades están talladas en piedra y que cualquier tropiezo, por diminuto que sea, revela lo inadecuados que podemos ser en cualquier tarea que hagamos, aún en los aspectos de mejora personal. En cambio, si tenemos una mentalidad de crecimiento donde vemos los desafíos como lecciones para ser mejores, donde sentimos que los retrocesos son una oportunidad para avanzar y que todo es un proceso inherente a nuestra condición de ser humanos, podremos lidiar mejor con los obstáculos que se presenten.

Hay que utilizar los errores como punto de enfoque y de esta manera nos situaremos siempre en una posición de ventaja, porque seremos conscientes de dónde se inician los cambios para ser mejores individuos.

ERGUIDO Y SEGURO

«Levántate derecho y date cuenta de quién eres,
que superas las circunstancias».
Maya Angelou

Todos, en algún momento de nuestras vidas hemos estado en una situación en la que hubiéramos deseado haber tenido una segunda oportunidad, haber dicho algo distinto, habernos proyectado hacia afuera más seguros y confiados.

Confieso, cuando miro hacia atrás, tantas cosas que hubiera hecho distintas en mi vida que me hubieran ayudado a reflejar una postura de mayor confianza, más segura y más firme. Esto nos pasa a todos. En ocasiones estamos en una posición donde inconscientemente nos contraemos físicamente, bajamos la vista, nos encojemos, mostrando todas las señales de nuestra inseguridad y nuestros temores.

Y es que nuestra «presencia física» determina en gran medida cómo nos estamos sintiendo en un momento determinado, llevándonos a contraernos o expandirnos de acuerdo con el nivel de confianza que tenemos.

La psicóloga de Harvard Amy Cuddy, autora del libro *Presence*, nos dice que «presencia» es *«el estado de estar en sintonía y poder expresar cómodamente nuestros verdaderos pensamientos, sentimientos, valores y potencial»*; en otras palabras, soltar o dejar fluir nuestra propia naturaleza, reteniendo la confianza en nosotros mismos. Cuando estamos presentes, nuestra manera de expresarnos, expresión facial, postura, la energía que emana de nosotros y nuestros movimientos se alinean. Se da una sincronización en todo nuestro ser que nos permite enfocarnos y desempeñarnos mejor en lo que estamos haciendo. Esa afinidad interna, esa armonía, es palpable y resonante porque es real. Es lo que nos hace resultar convincentes. Ya no luchamos contra nosotros mismos; estamos siendo nosotros mismos.

De ahí la importancia de descubrir nuestra propia naturaleza, conocer esas fortalezas y debilidades, elementos todos ellos que la astrología nos permite identificar. Es una manera de autoafirmar quiénes somos y de estar cómodos con lo que somos. Esto es lo que nos permite sentirnos bien con nosotros mismos sin necesidad de buscar aprobación de los demás, pues en el momento en que estamos en esa búsqueda de apoyo o aprobación perdemos la postura. Es lo contrario a cuando tenemos claro quiénes somos y somos conscientes y vivimos de acuerdo a nuestros valores, logrando así sentirnos más poderosos.

Solo tienes que remontarte a un momento específico de tu vida en el que te sentías seguro y sabías exactamente lo que estabas haciendo o presentando.

Comparto ese momento, a finales de los 70, en el que se me presentó la oportunidad, recién llegado a la compañía, de aprovechar la maternidad de mi supervisora y solicitar su plaza temporalmente.

Resulta que en esos días llegaban los evaluadores a la estación de San Juan, Puerto Rico, y al área de recogida de equipaje, donde yo trabajaba a tiempo parcial. La compañía nunca había pasado las evaluaciones. A pesar del poco tiempo que llevaba con ellos, yo me había ganado el respeto de los compañeros, confiaba en que podría dirigirlos y que ellos responderían de manera positiva y solicité la posición.

La respuesta inicial fue no. Recuerdo haberme quedado recto, seguro de mí mismo, y confiado les propuse lo siguiente: «*Si no puedo pasar la evaluación con altas calificaciones, renuncio a mi puesto en la compañía*».

El resultado no solamente fue óptimo sino que al mes siguiente me estaban nombrando supervisor del área de recogida de equipajes.

Esa es la confianza que necesitamos conquistar en nosotros, pues una vez se logra entonces es cuando puedes sentirte cómodo con quien eres.

Amy Cuddy nos aconseja que establezcamos cuáles son esas tres palabras que nos describen como persona y nos ayudan a definirnos mejor como individuos.

Una rápida evaluación respecto a dónde estaba yo en cuanto a conocimiento y cuán dispuestos estaban mis compañeros de trabajo a apoyarme me ayudó a posicionarme y presentarme confiado ante la gerencia.

Esa proyección fue lo que contribuyó a que ganara la confianza de mis compañeros y lograr el trabajo en equipo que deseábamos. Ese tipo de confianza y comportamiento es lo que hace que uno se sienta poderoso y seguro para enfrentarse a los retos que la vida presenta.

En el momento en que encuentres los tres calificativos que mejor te definen para un objetivo en particular se te hará más fácil lograr tus metas y proyectarte como deseas.

Cuando nos sentimos poderosos somos capaces de aceptar los desafíos y las lecciones que la vida nos ofrece. Somos capaces de manifestar esa versión extraordinaria de nosotros. Al contrario, cuando nos sentimos impotentes, cuando sentimos inseguridad respecto a quiénes somos y lo que deseamos en la vida, entonces buscamos evitar los desafíos, comenzamos a aislarnos de la vida y nos convertimos en seres tímidos y retraídos.

Conocernos bien nos da ese estado de poder que se convierte en un componente esencial de lo que es estar «presentes».

Para cultivar esa fortaleza o ese poder es necesario encontrar las tres cualidades que nos definen y utilizarlas todos los días. Recordar cuándo una o todas esas áreas se manifestaron con poder en el pasado te ayudará a recobrar la confianza en ti mismo. Enfocándote en esos valores estarás continuamente reforzando esos poderes.

Estudios realizados demuestran que al sentirnos poderosos expandimos nuestro cuerpo. Pues resulta que, al expandir nuestro cuerpo, también podemos sentir poder. Es lo que los investigadores han denominado «energía bidireccional».

Comparto uno de los estudios realizados y que es citado en el libro. «*Se tomó como prueba un grupo de personas y se dividió en dos grupos. Un grupo asumió poses de 'bajo poder' en las cuales esencialmente ocuparon menos espacio (sentado=encorvado+manos cerca del cuerpo; de pie=piernas juntas, brazos cerca del cuerpo y cabeza hacia abajo). El otro grupo asumió poses de 'alta potencia' en las que básicamente expandieron su cuerpo y ocuparon más espacio (sentados de manera relajada y segura con las piernas hacia fuera y las manos detrás de la cabeza; como la Mujer Maravilla con las manos en las caderas, la barbilla levantada y los pies separados). Después de solo dos minutos de pose, esto es lo que sucedió: en nuestra muestra de mujeres y hombres, los que asumieron una postura de 'alta potencia' mostraron un aumento del 19% en la testosterona y una disminución del 25% en el cortisol. Los que asumieron una postura de 'baja potencia' mostraron el patrón opuesto: una disminución del 10% en la testosterona y un aumento del 17% en el cortisol*».

Ese patrón se conoce como la hipótesis de la hormona dual: Testosterona alta+cortisol bajo=alta potencia. Baja testosterona+alto cortisol=baja potencia.

Increíble el resultado y cómo afecta de forma dramática a los cambios biológicos de uno. Mover nuestros cuerpos de una manera más expansiva aumenta significativamente nuestra confianza y nuestro poder.

Nuestro estado de felicidad también estará influenciado por esa postura. Si estás deprimido, seguramente irás encogido, cabizbajo, sonreirás poco y caminarás como si te sintieses impotente. Si aplicamos lo que hemos aprendido en cuanto a crear buenos hábitos, podremos ir reforzando una y otra vez la manera en cómo nos proyectamos físicamente durante el transcurso del día.

Llevemos a nuestro cuerpo a reflejar ese estado de confianza o, como diría Amy Cuddy, «*necesitamos fingir hasta que nos convirtamos en eso. No manipular a los demás y obtener poder sobre ellos, sino engañarnos un poco por el momento para que podamos obtener poder personal y expresar la mejor versión de nosotros mismos, más audaz y auténtica*».

Ponlo a prueba

Comienza tu mañana con tu héroe favorito. Cuando te levantes y te mires al espejo, asume la postura de ese héroe. Erguido, hombros hacia atrás, la barbilla en alto, el pecho expandido, las manos en las caderas y las piernas levemente abiertas. Sonríe y repite: «*Estoy logrando una mejor versión de mí*». Mantén esa postura durante dos minutos.

UNA VIDA ESENCIALISTA

«Simplicidad significa encontrar el equilibrio en nuestra vida mediante el cual nuestra mente y nuestro cuerpo están en la condición más óptima».
RADHANATH SWAMI

Deténte por un momento y evalúa qué cosas hiciste en el pasado que podrían esperar, o mejor aún, repasa los últimos días y evalúa en el ámbito personal o en el trabajo en qué tareas te involucraste que restaban tiempo a otras que resultaban más importantes. Cuántas veces gastaste energía en preocupaciones, malos ratos o asuntos que podían esperar, o sencillamente en los que no valía la pena perder el tiempo.

Si acumularas el tiempo y la energía invertida en esos «momentos no esenciales», ¿sabes cuánto tiempo habrías invertido? Ese tiempo te hubiera servido para perseguir la felicidad. Vivir la vida de manera esencialista es la meta que uno debería perseguir.

Cuando somos capaces de vivir de modo esencialista, entonces podemos ser mejores de lo que somos como personas. Esto traerá la capacidad de vivir una vida más completa, solo porque serás capaz de vivir de manera contraria a la que viven los demás. En otras palabras, mientras unos viven una vida de estrés y desasosiego, tú serás capaz de tener una vida relajada y serena. Mientras otros viven su vida afanados por obtener logros, tú buscarás vivir una vida que deje buenas impresiones en los demás porque sabes que los logros están a la vuelta de la esquina.

Cuando eres capaz de ser esencialista decides vivir y aceptar tu propia naturaleza porque eres capaz de ver y vivir con lo esencial. Aprendes a aceptar que nada puede cambiar tu esencia como persona; no importa lo material o las aspiraciones personales que tengas pues no determinan quién eres. Un puesto divertido y ganar más dinero no hará que seas mejor o alterará la naturaleza de quien eres.

Cuando aspiras a cosas materiales o tienes aspiraciones personales, en realidad lo que buscas es atender a cómo deseas que te vean los demás, siguiendo la idea de que esto te ayudará a que otros te valoren más. En esencia sigues siendo la misma persona, solo que estás viviendo las dificultades que implica vivir para estar a la altura de los demás o del ego que deseas alimentar.

Por lo tanto, es importante hacer una pausa y plantearnos la siguiente pregunta: ¿esto me trae la felicidad que busco?

No estamos cuestionando nuestra capacidad de obtener algo material o de trabajar para lograr unas aspiraciones personales. Si la capacidad está ahí, el esencialista sabe que al trabajar para hacerlo mejor lo hará con el mínimo esfuerzo, ya que es consciente de que lo que le corresponde le llegará. Lo importante es que lo que hagamos no sea para vivir de las apariencias, viviendo más allá de nuestras posibilidades, pues a la larga eso solo nos traerá preocupación e infelicidad.

Comprendo que es fácil caer en esa trampa de lo que nos han enseñado que significa el «éxito» y que con cada escalón que alcanzamos nos proponemos nuevas metas, objetivos y deseos de nuevas oportunidades, que en realidad solo representan nuestra insatisfacción respecto a lo que ya hemos logrado.

En otras palabras, nos volvemos algo adictos a nuestra persecución de conseguir más, sintiendo una necesidad insaciable de obtener mayores logros. ¿Cuándo daremos por terminadas tales aspiraciones? ¡Nunca! Pues cada logro que alcances traerá consigo el deseo de lograr algo más.

Un ejemplo es la vida de Mahatma Gandhi. En su visita a Sudáfrica vio la opresión que existía. Fue ahí donde encontró su misión de vida y su deseo para luchar por los menos afortunados y oprimidos. Decidió entonces eliminar cualquier cosa que le pudiera distraer de su propósito y, cuando falleció, solo tenía diez cosas en su haber.

Claro, esto podría parecerte algo exagerado pues socialmente estamos inmersos en el consumismo. ¿Pero acaso no es este una de las causas de la infelicidad?

Cuanto más aspiramos a obtener, más nos desenfocamos de nosotros mismos. El llevar una vida tan «ocupada» en querer obtener más nos aleja de lo esencial.

Es de vital importancia que aprendamos a definir cuáles son las prioridades de nuestra vida. ¿Realmente crees que los bienes, las aspiraciones o los lujos te traerán la felicidad que buscas? Eso es efímero; al final aspirarás o establecerás otros objetivos cuando te canses de lo que tienes o de lo que has logrado.

El esencialista hace menos pero establece el objetivo de querer hacerlo mejor, mientras que el no esencialista piensa que todo lo tiene que hacer y que es necesario complacer a todo el mundo. El esencialista discierne, elimina los obstáculos y se concentra en lo que realmente es importante, mientras que el no esencialista siempre reacciona a las presiones exteriores, no sabe decir que no. Como consecuencia, el esencialista vivirá una vida más sosegada, sentirá que tiene más control sobre su vida, mientras que el no esencialista vivirá sumido en el caos; en su vida la confusión y la falta de tiempo serán algo común.

¿Cuál de los dos puede lograr mayor felicidad?

La idea no es que lleguemos al destino, sino cómo disfrutamos el camino que emprendemos para llegar. No es cuánto más puedo impresionar a los demás, sino cuán satisfecho puedo estar conmigo mismo. Es aprender a vivir con propósito y no como consecuencia de las circunstancias que se nos presentan. Es saber separar lo que realmente es importante de las situaciones más triviales. Esto es lo que hará que vivamos una vida de menos esfuerzo, obteniendo un progreso significativo en nuestra vida.

Como parte de nuestro objetivo es ser felices, tenemos que eliminar de nuestro camino todo aquello que nos pueda traer infelicidad. Concentrarnos en vivir una vida esencialista. Adoptando este estilo de vida, no solamente viviremos mejor sino que seremos mejores como personas, empleados, parejas y padres. A lo largo de tu vida lograrás más y te sentirás más exitoso. Lo que te habrá de llegar vendrá, no por tu mayor esfuerzo, sino por tu mejor esfuerzo.

Jame Hong, cofundador de hotornot.com, después de haber vendido su Porsche Boxster, dijo: «*No deseo vivir la vida del Boxster, porque cuando tienes el Boxster comienzas a desear un 911. ¿Sabes lo que desearían tener los que tienen un 911? Desearían tener un Ferrari*».

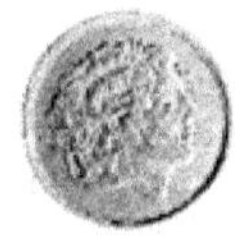

ACÉPTATE COMO ERES

«La mayoría de las personas son otras personas.
Sus pensamientos son la opinión de otra persona,
sus vidas una mímica, sus pasiones una cita».
Oscar Wilde

Cuántas veces no te has sentado a evaluarte a ti mismo y has llegado a la conclusión de que no estabas satisfecho con quien eras. Que te gustaría cambiar tu carácter o mal genio, tu falta de comunicación con tu pareja, salir de los malos hábitos, tener mayor iniciativa o no ser tan arriesgado. En fin, todos tenemos algo que nos gustaría cambiar, y en ocasiones por más que lo intentemos se nos hace imposible porque parece que tenemos grabado en nuestro ser ese hábito o comportamiento que no deseamos que los demás descubran, ese mal carácter explosivo que no podemos controlar, ese silencio abismal que deja a todos preguntándose: ¿qué le estará pasando? o ¿cuál es esa inseguridad que se le hace difícil superar?

Tengo buenas noticias para ti: acéptate tal cual eres, que eso que sientes o eres no es necesariamente malo.

¡Ah! No estoy diciendo que todo esté permitido; te estoy aconsejando que debemos aceptarnos y aprender a «domarnos» y no cambiar quienes somos. Te lo explico.

Existen dos tipos de comportamientos. Uno de ellos es una conducta aprendida; nos acostumbramos a ver, por ejemplo, un comportamiento agresivo en un hogar donde el padre tiene como costumbre maltratar a la madre.

Le grita, la agrede verbalmente, la subestima y ella aguanta porque le ama y no quiere criar a sus hijos sin su padre. Es probable que si eres mujer y has visto este tipo de comportamiento con tu madre hayas aprendido que eso es normal, que el hombre que te ama te puede maltratar. Si eres hombre entonces el mensaje aprendido es que a la persona que uno ama se le pueda gritar y ella debería estar dispuesta a tolerarlo, tal y como su madre lo hizo en algún momento.

Este tipo de conducta se puede cambiar. Una vez que hayamos cobrado consciencia de dónde se origina la conducta podremos ir modificándola hasta el extremo de cambiar en su totalidad quiénes somos. Primero tenemos que tomar consciencia de dónde se origina la conducta y entender de dónde provienen las toxinas que se apoderan de nuestra personalidad.

Otro tipo de comportamiento tiene su origen en aquello con lo que nacemos, es decir, conductas no aceptadas cultural o socialmente pero que sentimos que forman parte de quienes somos aunque no entendamos por qué están ahí y mucho menos por qué nos comportamos de tal o cual manera.

Un ejemplo de ese tipo de comportamiento es un cliente que fue a visitarme porque estaba preocupado por perder a su esposa. Tras evaluar su carta astral, me percaté de que tenía tendencia a buscar e ir con prostitutas. Cuando hice mención a su «naturaleza», que le gustaban las prostitutas, algo alarmado y ansioso me preguntó:

—¿Eso se ve en mi carta? —me continúo explicando—: David, actualmente veo a un psicólogo, semanalmente me confieso con el cura del pueblo, y ambos me están ayudando a superar esta condición. Mi esposa está al tanto.

Después de evaluar cuidadosamente el mapa astral, le pregunté:

—¿Ella es tu tercera esposa?

—Sí —me contestó él–, las otras dos las perdí precisamente por ir con prostitutas. Sé que estoy mal, enfermo, pero no sé cómo controlar esto que llevo dentro. Quiero cambiar y no sé cómo.

Esto es un ejemplo de cómo uno nace con cierta naturaleza que encierra un propósito en nuestras vidas, lo cual no necesariamente significa que tengamos que exteriorizar tales costumbres o comportamientos.

Tampoco podemos cambiarlos, pues forman parte de quienes somos, pero sí podemos «domar» nuestra naturaleza y aprender de ella.

En el caso de Juan, continué conversando con él para explicarle cosas sobre su «naturaleza»:

—Juan, no estás mal o enfermo; eso forma parte de quien eres. Estás perfectamente bien. Si tu madre me hubiera consultado cuando eras pequeño le hubiera dicho que a ti te iban a gustar las prostitutas. –Juan pareció hundirse en la butaca amarilla, sus hombros se relajaron, como soltando veinte años de ansiedad y culpa mientras respondía:

—¿Cómo? ¿Estoy bien? ¿O sea que no soy tan malo, enfermo o perverso como me han dicho? –Una sonrisa afloró en sus labios y me preguntó:

—O sea, ¿yo no estoy mal?

—No, no lo estás, esa es tu naturaleza, parte de lo que eres. Aunque eso no significa que por ser así debas continuar con el mismo comportamiento. Tus pruebas o lecciones están en cómo superarlo, o, mejor dicho, en cómo dominarlo. No por ser lo que eres puedes o debes continuar siendo lo que eres.

Juan se enderezó en la butaca; atento buscó mi mirada. Era evidente que había sentido cierto alivio con mi explicación; ya no tendría que continuar arrastrando su sentido de culpa, su aparente enfermedad y tendencias. Su mirada reflejaba un estado confuso cuando me preguntó:

—Si no es malo, ¿por qué tengo que cambiar? —A lo que le expliqué:

—Porque socialmente no es aceptable, porque trae sufrimiento a otros, porque tal vez a quien le contratas los servicios para lograr satisfacer tu apetito no quiera estar ahí.

»Puedo ofrecerte una docena de razones más porque el comportamiento es inapropiado, pero lo cierto es que no deja de ser tu lección de vida y lo que buscamos es cómo aprender y superar esa lección que el Universo nos ofrece. —Juan, resignado ante la explicación, se inclinó hacia al frente y curioso me preguntó:

—¿Entonces cómo cambio quien soy? No quiero perder a mi mujer. Ella es muy buena y me está apoyando en mi proceso.

—No puedes cambiar quien eres —le dije—. Tienes que comenzar por aceptar quien eres, dejar de sentirte culpable y canalizar lo que sientes de otra manera. En otras palabras, aprender a domar tu naturaleza.

»Por alguna razón del *karma* o de la lección que has escogido para esta vida, lo que te está pasando es parte de tus lecciones de vida. Tu crecimiento espiritual estará determinado en gran medida por cómo logres domar esa naturaleza.

—¿Cómo lo hago, David? Es un impulso que se apodera de mí. Comienzo el día pensando en eso, fantaseando con encontrarme y pagarle a alguna mujer para que me brinde sus servicios.

—Primero aceptando tu naturaleza; de esta manera se te hará más fácil liberarte de los grilletes del sentido de culpabilidad. ¿Tu esposa trabaja?

—No —me contestó Juan—. Es ama de casa y cuida de nuestra hija.

—Existe una manera de domar tu naturaleza, y a ella por su parte le puede agradar la idea. —Juan se acomodó atentamente en la butaca, como si fueran a entregarle una pócima secreta que resolvería su dilema–. Vas a llevar acabo un «*roleplay*». Cada vez que sientas el impulso de querer estar con una prostituta, llevarás a tu mujer a algún lugar seguro donde podrás solicitarle sus «servicios». Siempre le pagarás por sus «servicios» y ella se quedará con el dinero.

Dos años más tarde Juan me vino a visitar. Era un hombre totalmente distinto. Se le veía seguro, enamorado y feliz, libre de aquel estado de ansiedad que tenía en su primera visita.

Cuando le pregunté me dijo que cada vez sus deseos eran menores, que había logrado canalizar y domar su naturaleza con su esposa y que llevaba dos años sin terapia.

—David, ya no me siento culpable o sucio, y espiritualmente ambos hemos crecido mucho en este proceso. El único problema que tengo –me dijo riéndose– es que mi esposa me aumentó la tarifa.

Cuando logramos aceptar quienes somos, cómo somos y conseguimos domar nuestra naturaleza, nos estamos liberando de tener una autoestima baja, de sentirnos culpables por ser quienes somos, acertamos a manejar esa parte oscura que quiere doblegar al espíritu. Con el tiempo y tras haber aprendido las lecciones, el Universo no tiene mucho más que enseñarnos y somos capaces de domar esa naturaleza de manera natural, consiguiendo así la felicidad que buscamos. Es en el encuentro con uno mismo, en el conocerse y aceptarse cuando viene la liberación. No importa cuáles sean las emociones o lecciones a las cuales te sientas inclinado, cuán simples o graves puedan ser, lo importante es cómo las aceptas como parte de tu crecimiento espiritual. Todos venimos a desempeñar un papel en este gran teatro al que llamamos vida, venimos a vivir nuestras lecciones y a impartir otras. El alma va recorriendo la vida acumulando una serie de experiencias a través de lecciones que fortalecen el espíritu. En el momento en que logramos entenderlas podemos superar el *karma* o la lección que se atraviesa en nuestra vida y, una vez que acertamos a domarlas ya no tendrán que continuar siendo parte de nuestra vida.

Otro ejemplo que podríamos compartir y que veo mucho a diario en las cartas astrales de las personas es una vida llena de depresiones. Esto se puede identificar desde el momento en que nacen. Para la mayoría, lo más difícil es no entender por qué ellos no viven una vida «normal» como las demás personas y por qué siempre están sumidas en una depresión. Mi experiencia con muchos clientes ha sido que en el momento en que identificamos esos estados depresivos, qué años han sido más difíciles, y les enseñamos que existe una tendencia a que se repitan unos ciclos, se asombran y se les quita un enorme peso de encima. Como consecuencia, las personas van librándose de ese peso de culpa, de sentirse inadecuados o que no son normales. Ahí libramos la mitad de la batalla; ahora es solo cuestión de aprender unas técnicas de cómo lidiar con esos estados y llevar una vida más o menos feliz dentro de las lecciones que se atraviesan.

Por lo tanto, el primer paso es reconocerte, aceptarte, amarte tal cual eres y entender tu naturaleza para luego aprender a vencerla.

APRENDAMOS A SOLTAR

«'¡Mirad, aquí está!' o: '¡Allí está!' Porque he aquí, el reino de Dios entre (dentro de) vosotros está».
LUCAS 17:21

La «paz interior» es algo innato a nosotros, está en el espíritu de cada uno y de cada ser viviente. No importa quién seas. Todo aquel que busque «paz interior» la consigue, pues el Cielo está en nosotros. Siempre les digo a mis clientes: aquello que buscas no se encuentra más allá de tus narices, sino que radica dentro de ti.

Entonces, ¿por qué nos parece que estamos abocados a vivir una vida de infelicidad? ¿Cómo nos liberamos de las ataduras que parecen quitarnos la paz? ¿Cómo dejamos de subir esa cuesta empinada que hace tan difícil alcanzar ese sentido de sosiego y tranquilidad? Y ¿cómo se libera uno de sentir esa ira, las penas, las desilusiones, la vanidad y los celos, y cómo logramos apaciguar esos sonidos que nos atormentan en el silencio?

Si en realidad el reino de los Cielos está en nosotros, ¿por qué no somos capaces de encontrarlo?

Estas y muchas otras preguntas nos las hacemos a diario y hay personas que pasan a la otra existencia sin encontrar respuestas.

Para llegar a donde deseamos es necesario trabajar; solo así podremos aspirar a alcanzar una vida libre de resentimientos, viviendo en gratitud, llenos de inspiración, y sobre todo en amor; así es como nos llega la felicidad.

Uno de los problemas fundamentales que tienen las personas es que no creen que la felicidad absoluta sea alcanzable. Pero tenemos que mirar hacia dentro, hacia ese reino del cual nos habló Jesús y que habita en nosotros; ahí encontraremos las respuestas a nuestras preguntas, hallaremos la felicidad.

La ciencia ha buscado liberar al hombre de todas esas ataduras que le hacen infeliz, ya sea a través de medicamentos, estudios psicológicos o psiquiátricos, nutrición, acupuntura o el estudio del cerebro, pero pocos se han enfocado en la posibilidad de que traigamos de manera natural desde el nacimiento unos estados emocionales que hacen de nosotros ser quienes somos, personas depresivas o infelices.

Lo que sí han logrado revelar es el potencial que tiene el ser humano de liberarse de todo aquello que le hace infeliz cuando es capaz de soltar aquello que contribuye a su infelicidad.

Atarnos a unas emociones es el peor grillete que nos podemos imponer para lograr la felicidad. Los sabios nos han enseñado durante siglos que atarse emocionalmente a algo es lo que trae el sufrimiento.

En el momento en que somos capaces de liberarnos de esas ataduras nos liberamos de la angustia.

Las ataduras no solo provocan amargura, también nos crean enfermedades, afectan a las relaciones interpersonales y levantan una pared que dificulta el crecimiento espiritual en el individuo.

El mejor mecanismo para aprender a soltar es efectuar esa búsqueda en nosotros mismos, buscar despertar esa voz interior, ese susurro de Dios que nos habla y que nos guiará hacia un mejor porvenir de felicidad.

Inconscientemente todos sabemos que está ahí; lo hemos escuchado o experimentado en algún momento de nuestras vidas. Pero a través de los años, desde nuestra niñez, comenzamos a acumular temores, y es ahí donde nace el ego, que busca distraernos de esa felicidad que deseamos.

Mientras continuemos cargando con esa reserva enorme de negatividad acumulada, actitudes negativas y creencias mal fundadas, y queramos vivir la vida de los demás o permitamos que los demás quieran dirigir la nuestra, el ego continuará manifestándose. Esa acumulación de presión emocional y social es lo que provoca esas depresiones, que nos sintamos miserables y hasta que enfermemos. Sin darnos cuenta comenzamos a acaparar temores que parecen difíciles de soltar. Sin embargo, es soltando como realmente logramos liberarnos.

En ocasiones, estamos inundados de creencias y dogmas que se nos nublan la razón y se nos hace difícil ver lo obvio, y esto sucede porque seguimos rituales y nos acogemos a disciplinas espirituales que se convierten en hábitos diarios, haciéndole perder su valor y verdadero significado. El resultado es el fortalecimiento del ego, que genera en nosotros un orgullo falso que nos hace creer que tenemos todas las respuestas, menos la de la felicidad.

El mecanismo para soltar no es algo que tengas que crear, que se compra o se consigue en la estantería de una tienda y que está disponible para que cualquiera lo tome a su conveniencia; en otras palabras, no está fuera de nosotros. Siempre lo has tenido, siempre ha estado contigo; solo tienes que despertarlo, redescubrirlo y provocar que se manifieste. Con solo desearlo, emerge naturalmente en ti, y una vez lo encuentres y lo trabajes serás capaz de liberarte de aquello que te ata y podrás ser feliz.

Imagínate cuán feliz serías si tuvieras la capacidad de, cada vez que surja algún inconveniente, disgusto o inseguridad, recurrir a ese sentimiento y encontrar que eres capaz de liberarte y ser feliz. Se trata nuevamente de despertar la consciencia y convertir ese despertar en un hábito frecuente, pues cada vez que lo hagas te sentirás más liberado y feliz. ¿Qué significa entonces sentirse en un estado libre de ataduras?

Es librarse de pensamientos, sentimientos o situaciones negativas, lo que te permitirá actuar libre, espontánea y hasta creativamente sin conflictos internos para lograr lo que te propones.

En el momento en que busques reprimir alguna emoción se te hará difícil soltar. Esto provocará precisamente que comencemos a tener temores, irritarnos y que tengamos cambios de humor, que van del enfado a la depresión.

Tenemos que permitir que llegue el sentimiento, dejar que se manifieste, tomar consciencia del mismo y descubrir el porqué de esa emoción, o sea, enfocarnos en su origen. No te resistas a la emoción, el sentimiento o lo que sea que te esté molestando, no temas, no te juzgues; solo evalúa y deja que lo que sientes fluya. En otras palabras, ríndete ante esas emociones. Enfócate en eso que sientes y no permitas que el pensamiento comience a divagar.

Tomando esto como práctica, podrás darte cuenta de que tú no eres parte de lo que sientes; más bien eres testigo de lo que ocurre y, siendo testigo, entonces puedes evaluar objetivamente y soltar lo que no es tuyo. Esto es lo que hará que te identifiques con ese nivel de consciencia porque te habrás convertido en observador y no en la víctima de lo que está aconteciendo.

El siguiente ejemplo te puede ayudar a comprender lo que aquí te explico.

Recibes una cantidad de papeleo y trabajo que te parece que jamás terminará, pero te percatas de que lo que vas a hacer es divertido y eso te provee de un sentido de entusiasmo. Ya no estás mirando la cantidad de trabajo que tienes, sino que te enfocas en el resultado. Cuando quieres darte cuenta, todo aquel papeleo ha desaparecido. De haber comenzado a quejarte y haber visto en el trabajo solo lo negativo sin haberte detenido a ver lo que podría beneficiarte las horas se te hubieran hecho largas y tediosas. Pero dejaste de verte como víctima y asumiste otra actitud, te convertiste en espectador. En otras palabras, cambiaste tu estado mental, tu «*mindset*» y eso te permitió adoptar otra perspectiva.

Otro ejemplo es el deseo de dejar el trabajo actual, por las razones que sean; sabes que ya no quieres el mismo empleo. Si alguien te asegura que no habrá oportunidades de cambio durante el curso del año, que de aparecer algo diferente no será de tu agrado, que lo mejor que puedes hacer es quedarte trabajando donde estás, ¿cómo asumirás esa información?

Puedes optar por deprimirte, llegar día tras día insatisfecho al trabajo o sentirte poco realizado. En fin, por más que lo disimules, los demás se darán cuenta de que algo te falta, que tú no estás ahí, que a pesar de hacer bien el trabajo te falta entusiasmo. Te quedaste apegado a una expectativa que no estaba en tu destino llevar a cabo en esos momentos.

Existe otra posibilidad. Aceptas las circunstancias que tienes en el momento, evalúas qué fue lo que te gustó de ese trabajo originalmente, buscas si existen probabilidades de hacer algo distinto dentro de tu puesto actual y optas por sacarle el mejor provecho mientras estás ahí.

¿Qué te traerá mayor satisfacción y posiblemente más felicidad? ¿Optar por deprimirte o aceptar las circunstancias del momento y sacarles el mayor provecho? Creo que no hace falta ser astrólogo para saber la respuesta a esta pregunta.

En otras palabras: si deseas posicionarte como víctima terminarás siendo la víctima de ti mismo.

La decisión la estás tomando tú. En cambio, si te miras desde afuera y te dices, «*al menos tengo trabajo. Déjame sacarle el mayor provecho*», te estarás dando la oportunidad de verte desde otra perspectiva, estarás despertando para ver tu propia verdad. No es necesario tener una creencia en particular, seguir una religión o filosofía de vida; es tener la capacidad de encontrar la verdad en ti. Encontrar esa verdad, conocer y entender tu naturaleza, permitirá que puedas liberarte del ego.

El verse a uno mismo no requiere de un curso universitario, poseer alguna facultad especial, ir en búsqueda de algún talismán; es una capacidad que tienes y has tenido siempre. Es querer escudriñar lo más íntimo de tu ser y verte a ti mismo de manera honesta, sin prejuicios, y cuestionarte los sentimientos que tienes en un determinado momento. Logrado esto, entonces entras en una posición de poder soltar y dejar ir aquello que te trae inquietud, dolor, incertidumbre o ira.

Para soltar se necesita que estés sintonizado con tus sentimientos, permitiendo que se expresen o manifiesten y que tomen el curso correspondiente sin que quieras dirigirlos. No intentes resistirte a ellos ni les asignes mucho pensamiento o los juzgues. Son sentimientos y no tienen nada que ver con lo que estás pensando. Ese pensamiento que comienza a manifestarse es producto de las inseguridades que comienzan a florecer, es una manera de racionalizar aquello que sientes. Lo importante es que regreses al sentimiento y lo mires desde otra perspectiva.

Soltar trae unos resultados poderosos, es una liberación del ego; la preocupación desaparece del consciente y sencillamente nos deja de molestar. Cuando somos capaces de soltar, de liberarnos de las emociones que quieren dominar nuestra existencia, es como liberarnos de una prisión donde hemos estado cautivos sin ver la luz durante muchos años. Soltar es el camino que nos permite volver a nuestra verdadera esencia.

LA FORTALEZA DE CARÁCTER

«Sabía que el primer paso para hacer grandes cosas era afirmar la creencia de que grandes cosas son posibles».
PETE CARROLL

¿Qué es más importante, el coeficiente intelectual o la determinación para lograr un objetivo? Muchos se detienen porque creen que no son tan inteligentes como para perseguir un sueño. Déjame darte buenas noticias: triunfa más el que es persistente que aquel que tiene un coeficiente intelectual alto. Esto está científicamente comprobado. O sea, si tomas la determinación de lograr un objetivo, puedes ser exitoso.

Nos han hecho creer que hay que tener un talento particular, que tenemos que ser inteligentes, especiales, para lograr éxito en la vida.

Se ha creado esta imagen irreal, una fantasía del «súper hombre»; nos hacen creer que tiene que haber algún don, alguna magia espiritual que dota a esas personas de algún elemento especial. «Endiosar» a algunos es una manera de darnos permiso para no competir con ellos porque son «especiales». Nos libera de la responsabilidad de querer alcanzar lo que ellos han logrado. Nos permite ser humanos.

Déjame sorprenderte con información que encontrarás valiosa. Cuando analizamos cuidadosamente cómo llegaron hasta ahí descubrimos que dedicaron incansables horas de práctica y reflexión, y que cometieron innumerables errores para llegar a donde están. Tiger Woods no nació golfista.

Tampoco negaremos que tiene un talento especial. Sin embargo, para llegar a donde está ha tenido que pasar por miles de horas de práctica para convertirse en el mejor jugador de golf de la Historia. Einstein podía estar meses pensando en un problema matemático y Darwin podía pasar largas horas descifrando algún misterio natural, esto por mencionar algunos ejemplos.

Hay innumerables historias sobre el tema del talento y la persistencia o determinación para lograr algún objetivo en la vida, y si estás aquí es porque tú ya has dado el primer paso para lograrlo.

El actor Will Smith dice que uno puede nacer con el talento, pero la habilidad (lo que transforma el talento en un activo) solo se consigue trabajando: *«Tú puedes subirte a una cinta de un gimnasio y ser más talentoso que yo. Pero yo no me voy a bajar jamás de esa cinta. Moriré en la cinta o quizás antes de que eso ocurra tú ya te habrás bajado».* Dice también que él es un enfermo de la ética en el trabajo.

¿Cómo aplicamos esto a nuestra búsqueda de la felicidad? Tu determinación y persistencia son ingredientes que te permitirán alcanzar el objetivo que persigues.

Angela Duckworth, en su libro *Grit* nos dice: *«La firmeza de carácter o estamina depende de un tipo diferente de esperanza. Se basa en la expectativa de que nuestros propios esfuerzos pueden mejorar nuestro futuro. 'Tengo la sensación de que mañana será mejor' es diferente de 'resuelvo hacer que el mañana sea mejor'. La esperanza que tienen las personas valientes no tiene nada que ver con la suerte y tiene todo que ver con levantarse de nuevo».*

En otras palabras, de acuerdo con Angela Duckworth:
Talento+Esfuerzo=Habilidad
Habilidad+Esfuerzo =Logros
¿Cuál es el elemento común? Esfuerzo.

En el momento que decides que estás dispuesto a comprometerte con el esfuerzo que se necesita para ser feliz desarrollas la habilidad de ser feliz, logrando así mostrar ese talento innato que hay en ti.

Y es que muchas veces vamos por la vida sin conocer nuestro propósito de vida, a qué venimos aquí o qué deseamos. En el momento en que descubres qué es ser feliz, todo comienza a despejarse, se abren los caminos y comenzamos a ver nuestro verdadero propósito de vida.

¿Tienes dudas? Sencillo. Observa cuántas personas has conocido con talento y que no hacen nada con lo que tienen. Seguramente no son felices. Y es que no están dispuestas a hacer el esfuerzo para lograr más con sus vidas.

Otros demuestran tener muchísimas habilidades, pero van por la vida sin utilizarlas, por las razones que sean, y pierden una enorme oportunidad de crecimiento porque seguramente esperan algo sin querer hacer el esfuerzo de lograr alcanzar el máximo de potencial de lo que el Universo les otorgó.

Esto se puede deber, en cualquiera de los dos casos, a que esperan algún reconocimiento, que les llegue todo sin pedirlo, porque creen que automáticamente se lo merecen.

Pero, como dice Duckworth: «*Nuestro potencial es una cosa. Lo que hacemos con él es otra muy diferente*».

Por lo tanto, cuanto más esfuerzo le dediques a ser feliz más talento irás desarrollando para tener una felicidad sostenible. El logro es lo que sucede cuando tomas tus habilidades adquiridas y las usas en tu propio beneficio.

Ese beneficio no solo se queda contigo, se extiende, se expande, pues cada vez que te sientas feliz tu entorno cambiará y cambiarán aquellos que están en el mismo y así les estarás enseñando también a ser felices.

Si no haces el esfuerzo de ser feliz estarás evitando lograr tu mayor potencial de alcanzar la felicidad que buscas.

Esa habilidad innata que todos tenemos para alcanzar la felicidad que habita en nosotros, sin esfuerzo no es más de lo que podrías lograr si no haces nada.

Angela Duckworth nos presenta cuatro recursos psicológicos que nos ayudan a desarrollar esa habilidad para lograr esa «firmeza de carácter». Te los menciono aplicados al aspecto de la felicidad:

1. *Interés:* si quieres tener una felicidad sostenible tienes que estar intrínsecamente atraído por la felicidad. Necesitas estar apasionado con el tema. Tienes que desearlo por encima de todo. La idea de ser feliz tiene que ser una prioridad en tu vida.

2. *Práctica.* Angela habla de la investigación de Anders Ericsson sobre la práctica deliberada (y yuxtapone e integra el trabajo de Csikszentmihalyi, explicado en su libro *Flow* de una manera genial). Señala que un aspecto clave de la perseverancia es la capacidad de disciplinarnos para mostrar cada día una actitud de *«¡lo que sea necesario, quiero mejorar!»*. Por lo tanto, estás dispuesto a poner la felicidad por encima de lo que sea.

3. *Propósito.* El propósito es verte a ti mismo y el papel que juegas en el mundo, que eres importante, si no para el mundo entero, sí para el entorno que representas. Es esencial que te ames a ti mismo, porque amándote estarás en una mejor posición para dar a aquellos a los que amas. Amarte es importante, es tu propósito, pues amándote es como puedes dar a los demás.

4. *Esperanza.* La esperanza es lo que define cada etapa de aquellos que tienen firmeza de carácter. Es la clase de perseverancia que es capaz de «llegar a la ocasión» en la que sabes que tienes la capacidad de lograr lo que te has propuesto. *Si nos quedamos abajo, la firmeza de carácter pierde.* Si te levantas, prevalecen las agallas.

Tener esa firmeza de carácter, las agallas, la determinación, es continuar poniendo un pie por delante del otro, es aferrarte y apasionarte con la idea de que mereces ser feliz. Por supuesto que habrá momentos desafiantes en tu vida en los que desearás darte por vencido. Solo detente y evalúa cómo tu felicidad afectará a otros y cuánto más habrás crecido cada vez que logres tu propósito.

Despreocúpate de las veces que te caigas; cuenta solo las veces que te levantas y manifiestas esa determinación de lograr tu objetivo.

La felicidad te abrirá las puertas para lograr los demás objetivos en tu vida, es la llave para tener un futuro excelente, en el que te sentirás bien contigo mismo, realizado y creciendo emocional, física y espiritualmente.

CONSISTENCIA

«El éxito es todo acerca de la consistencia
en torno a los fundamentos».
Greatness guide, Robin Sharma

En tu recorrido por la vida, probablemente has logrado tus objetivos o has visto como otros han logrado al final lo que deseaban. Tus resultados serán proporcionales a la consistencia con la que ejecutes tus nuevos patrones o hábitos de comportamiento. Recuerda, has estado repitiendo una y otra vez los mismos patrones durante años. Por lo tanto, se requiere repetir una y otra vez esos patrones nuevos que deseas inculcar en ti. Repetirlos cuantas veces sea necesario hasta que lo hagas inconscientemente.

Solo así podrás romper con esas barreras que han estado impidiendo tu crecimiento.

NO DESPERDICIES UN DÍA

«La consistencia de continuar practicando aquello que te apasiona es lo que te llevará a la perfección».

En el momento en que comiences a sentir pasión por lo que deseas alcanzar para ti mismo, no querrás perder un solo día de trabajar para tus objetivos. Te tienes que convencer de que un día que pierdas para cambiar un mal hábito es un día que retrocedes en tus objetivos o te detienes por completo.

No des pasos gigantescos para intentar avanzar, pues a la larga te irás cansando. Establece objetivos pequeños para ir cambiando esos malos hábitos; dando pasos de bebé llegarás más rápido.

Por ejemplo, si deseas bajar de peso y quieres mejorar tu mala alimentación y no tomas mucha agua, no salgas con un litro para intentar bebértelo en un día; comienza con cuatro botellas pequeñas, programando en tu móvil un recordatorio para beber agua. Luego aumenta la cantidad gradualmente hasta convertirlo en una costumbre. De esta manera alcanzarás más que tomando decisiones drásticas que te podrían llevar a retroceder respecto a tus objetivos.

EVALÚA TU PROGRESO

Es importante que establezcas métodos para medir tu progreso y no necesariamente los resultados. Tomando el ejemplo de la dieta y mejorar tu estilo de alimentación, en vez de estar pendiente de cuánto has bajado de peso, es mejor evaluar tu proceso de cambios alimenticios y cómo te has mantenido respecto a esos cambios. Una vez tengas establecido ese proceso como parte de tus hábitos, estarás perdiendo peso automáticamente.

Cuando tendemos a enfocarnos más en los resultados que en el proceso, lo que estamos es creando mayor estrés, empezamos a exigirnos más y caemos en esos pensamientos rígidos que deterioran nuestra autoestima y el deseo de continuar.

Son muchos los que inician el camino del cambio; lamentablemente son pocos los que se mantienen en el mismo.

La mayoría de los consejos que las personas ofrecen es que te mantengas enfocado en el peso; por eso muchos pierden kilos rápido pero luego vuelven a subirlos. No, lo correcto es enfocarte en el proceso de los cambios que deseas lograr para llegar al objetivo deseado.

En la medida en que inicies el proceso de cambiar a buenos hábitos, surgirán en el camino malos hábitos que querrán sabotear los buenos hábitos que deseas crear. Es importante que utilices los recursos (una consulta o un *coach*) disponibles que te ayuden a identificar esos malos hábitos. De esta manera podrás descubrir el detonante y de ahí reprogramar esos malos hábitos a buenos. Tomando la iniciativa se te hará más fácil continuar.

Evita a toda costa salir con personas negativas que te resten energía o que no sepan valorarte. La bebida o cualquier exceso no contribuye a tu bienestar; no busques estímulo externo que te desvíe de tu objetivo.

Apasiónate con el objetivo de querer un cambio en tu vida, establece una serie de metas, sé consistente y asegúrate de que ese plan sea manejable y alcanzable. Mide el progreso de tu proceso y no te enfoques en los resultados.

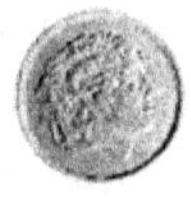

UNA MENTALIDAD DE CRECIMIENTO

> *«Determina un objetivo por el que vale la pena intercambiar tu vida».*
> LANNY BASSHAM

Todos nos hemos topado con personas negativas, ya sea con ellas mismas o con los demás. En astrología la tendencia de una persona que es crítica consigo misma se refleja en el «regente» del Ascendente (planeta que rige al signo zodiacal), que se encuentra en la Casa XII. Estas personas por naturaleza tienden a auto-criticarse y son sumamente difíciles consigo mismas. ¿Significa entonces que estas personas, por tener una naturaleza tan autocrítica, no puedan mejorar este aspecto de su vida?

Como he ido enfatizando durante el transcurso del libro, una vez que despertemos la consciencia acerca de quiénes somos y vayamos identificando cuál es nuestra naturaleza podremos iniciar cambios en nuestra vida, reprogramando nuestra manera de pensar respecto a nosotros mismos y creando nuevos hábitos.

Mantener una mentalidad rígida por lo general provoca que las personas vean el fracaso como un evento negativo, con lo cual las posibilidades de avance serán limitadas porque sentirán que no son lo suficientemente aptas para lograr los objetivos. Este tipo de personas, no solamente tiende a limitarse sino que tiene dificultades para determinar sus fortalezas y debilidades y los recursos que tiene para ser mejor.

Con independencia de si esto viene predestinado o es una conducta aprendida, podemos cambiar nuestro estado mental a una mentalidad de crecimiento que nos permita cambiar el rumbo que nos tiene deparado el destino, pues ese estado estará más a tono con nuestra realidad espiritual. Estudios indican que un estado mental particular puede determinar la pareja que uno busca. Una mentalidad rígida desea una persona que ame cualidades fijas, mientras que aquellos que tienen una mentalidad de crecimiento prefieren una pareja que los rete y los ayude en el crecimiento continuo.

Las personas con una mentalidad rígida desean seguridad y responden bien a los halagos que les hacen, pero si el trabajo o las circunstancias empeoran, encontrarán dificultades en todo lo que hagan. Para los que tienen una mentalidad de crecimiento los halagos son irrelevantes y siempre buscan cómo continuar mejorando.

En cambio, esas personas que nacen como niños prodigios son exitosos si en ellos nace la necesidad de continuar aprendiendo y aceptando retos. Aquellos niños que fueron identificados como prodigios y no lograron lidiar con retos terminaron sus vidas en el anonimato y sin logros significativos. Por lo tanto, la inteligencia no es lo que necesariamente determina nuestro grado de éxito; es la capacidad de aceptar los fracasos como herramienta de aprendizaje.

En el momento en que tú tomes esa determinación, comienza el camino hacia la felicidad. Recordemos la película *Stand and deliver*, la historia del maestro mexicano Jaime Escalante donde aparece un grupo de estudiantes que venían de una comunidad pobre y con una alta incidencia criminal y decide enseñarles cálculo a nivel universitario. Lo que él vio en ellos fue la posibilidad de cambiar la manera en la que ellos se veían a sí mismos, cambió su mentalidad.

Otro ejemplo que podríamos utilizar es el de Michael Jordan, el baloncestista de los Chicago Bulls, a quien desde pequeño se le dijo que no era un buen jugador y luego en su cuarto año de High School fue expulsado del equipo. Pero en vez de tomárselo como algo negativo eso le sirvió como impulso para mejorar aún más, convirtiéndose quizás en uno de los mejores jugadores de baloncesto en la Historia.

Aquellas personas que sufren desilusión, rechazo o malas experiencias tienden a verse a sí mismas como personas desafortunadas en el amor. En astrología se dan varios aspectos que denotan la suerte o la mala suerte en el amor que la persona tendrá durante el curso de su vida. Un ejemplo es un Venus afligido por los maléficos, que son Saturno o Marte. Si se encuentran en oposición a Venus o en cuadratura con él, la persona experimentará retos en el amor. Cuando despertamos la consciencia en esas personas y ellas se dan cuenta de que es parte de su destino, entonces estarán en mejor posición de sobreponerse a las lecciones del presente.

¿Qué ocurre con las personas que tienen una mentalidad rígida? No se arriesgan, prefieren vivir en una zona de confort. Temen al fracaso y prefieren continuar con su *status quo*. Esto es porque desconocen las lecciones que les corresponde vivir. Si abrieran una ventana que les dejara ver esas lecciones de vida, entonces comprenderían cómo superarlas.

Las personas que tienen una mentalidad de crecimiento desean aprender de sus lecciones, perdonan y continúan su camino, y no se ven como víctimas o que han sido humilladas en el proceso.

Mi experiencia en consulta ha sido que estas personas entienden que hay alguien esperándolas en su destino y que al final se toparán con él. No pierden la fe en el amor. Existe una tendencia a atraer a una persona en la misma medida en que la otra persona da.

Claro, esta comprensión de lo que uno trae como «natural» en su carta astral facilita la superación y la posibilidad de cambiar la ruta del propio destino.

Podríamos continuar dando ejemplos de cómo un estado mental fijo, lejos de beneficiarnos restringe nuestra habilidad de ser felices. Tenemos que revisar nuestras creencias y, si entre ellas existen creencias limitantes, proceder a eliminarlas. Esa voz silenciosa que nos infunde dudas, esas creencias que impiden que echemos raíces, esos conceptos que restringen nuestro vuelo hay que acabar con ellos y dejar que el alma vuele.

Hazte siempre la pregunta de si el cambio que deseas hacer es fácil o difícil. De ser difícil, busca en ti de dónde provienen las dificultades y luego analiza cómo las podrías ir superando. Una vez las hayas encontrado define un plan de trabajo que te permita eliminar esas dificultades paso a paso.

Lo importante al final es saber que todo aquello que limite tu felicidad debe ser retirado del camino y estar abierto a nuevas posibilidades que te permitan atraer la felicidad.

VIVIR UNA VIDA EXTRAORDINARIA

*«Si un hombre por alguna razón tiene la oportunidad
de llevar una vida extraordinaria, no tiene derecho a
guardársela solo».*
Jacques-Yves Cousteau

Como hemos explicado en este libro, el ser humano lleva consigo un mapa desde el momento en que es concebido, que irá reflejándose durante el curso de su existencia según la interacción social que tenga con padres, familiares, hermanos, amistades, el trabajo, etc. En fin, toda su vida social, que irá desenvolviéndose de acuerdo con ese mapa de vida. En el momento en que nos involucramos en actividades sociales, se va forjando también nuestra manera de pensar, estableciéndose así una filosofía de vida, creencias religiosas, valores y hasta una serie de hábitos.

En ocasiones caemos en una rutina que nos lleva a vivir una vida ordinaria, que para algunos se convierte en una simple rutina y para otros en una vida que pierde sentido mientras se cuestionan si en realidad vale la pena vivir.

¿Qué tal si te dijese que podemos cambiar nuestra vida de ordinaria a extraordinaria? Que la felicidad está a tu alcance. Que lo que deseas, tus ambiciones, sueños y aspiraciones, todo se puede lograr. He insistido en que conocer tu mapa de vida, despertar esa consciencia, saber en realidad lo que es nuestra naturaleza, es una manera de liberarse de ese destino que hemos diseñado para nosotros con el propósito de vivir una serie de lecciones.

Todos tenemos la capacidad de cambiar, especialmente si durante el curso de una lectura identificamos nuestros hábitos, rompemos con el patrón de una mentalidad rígida y nos proponemos con pasión querer cambiar y alcanzar la felicidad.

Si comenzaste ese proceso, entonces estás cerca de descubrir lo que realmente quieres. Si aún no te has acercado a esa parte, te pregunto: ¿sabes lo que realmente deseas de la vida? ¿Cómo de seguro estás de saber lo que realmente quieres? Hay personas que desean cambiar su vida pero no saben lo que quieren. A esas personas les digo que tienen que ser atrevidas.

¿Cuán flexible eres para hacer los cambios que en realidad te convienen? Hay otro grupo que antepone excusas, que si falta de tiempo, conocimiento, que la familia, en fin, cualquier cosa con tal de sabotear la posibilidad de ser felices.

¿Cuánto control en realidad tienes sobre lo que deseas alcanzar? Uno tiene que evaluar lo que en realidad está a su alcance y si está en sus manos lograrlo.

Y si no lo tienes, ¿eso significa entonces que no lo puedes lograr? Claro que se puede.

Vamos a poner todo esto en perspectiva.

Un cliente que desea lograr un objetivo en particular me habló de sus planes, ir a estudiar el tema de la energía solar. Sus deseos iniciales eran crear una empresa con el objetivo de levantar un capital y así llevar placas de energía solar a comunidades pobres de su país que no tienen electricidad. Esto, como es obvio, requiere de un proceso como es estudiar, hacer una inversión, personal, crear un equipo de ventas, inventarios y, en fin, toda una estructura que el cliente no tenía. Su carta reflejaba todas las dificultades a las que se estaba enfrentando.

Procedí a hacerle la siguiente pregunta: «Esa voz que se manifiesta; ¿es el ego o tu voz interior?». Él reflexionó por un rato y con un semblante sobrio pero honesto me contestó: «creo que es el ego».

Cuando el ego se interpone, hay que tener cuidado con los efectos que esto puede tener en esta existencia o en la siguiente.

Si obtiene resultados, podría haber un beneficio buenísimo pero que cambie tu manera de ser, alejándote de tu objetivo inicial y convirtiéndote en un arrogante.

Cuántas veces no hemos escuchado a una persona decir: «si me dieran esa posición yo sería diferente, ayudaría a avanzar al grupo, sería un excelente líder». Cuando la obtienen se convierten en déspotas.

En ocasiones se podría dar el caso de que el proyecto solo beneficiase a otro, que alguien te robase la idea o que tuviera un efecto temporal. Lo que tenemos que comprender es que, si no forma parte de tu destino, forzar una situación no necesariamente significa que te correspondía.

Volviendo al cliente; el acto de ayudar debe representar en la vida de uno lo siguiente: irrelevantemente de a cuántas personas podemos influenciar, uno debe aceptar y confiar que todo está en Orden Divino y que logrará el propósito que le correspondía. No es a cuántas vidas voy a influenciar sino más bien a cuántas familias desea el Universo que yo ayude.

Si entendemos que todo tiene un propósito, si entendemos nuestro «destino», si conocemos cuál es nuestra naturaleza, sabremos acomodarnos a las expectativas que escogimos cuando entramos en esta existencia.

El filósofo Séneca una vez dijo: *«No le ocurre nada al sabio en contra de sus expectativas»*.

En otras palabras, el sabio sabe exactamente dónde está y no tiene expectativas, pues todo se da en el Orden Divino.

Buda dice que el apego es lo que trae sufrimiento. ¿Acaso el tener altas expectativas no es una manera de tener apego a un objetivo que uno se propone?

¿Cómo evitamos las expectativas? Lo fácil sería no tener ninguna. No es que no tengas una idea o que no intentes lograrlo; por algo el Universo te puso la idea en el pensamiento. Si en el proceso tienes dudas de hacia dónde te llevará esa idea, entonces será adecuado que revises tu mapa astral. Ahora bien, si sabes soltarte al Universo y permites que él te guíe donde entienda que te corresponde, inicia tu proyecto y deja que él te abra los caminos.

Si estamos en esa búsqueda de apaciguar las incertidumbres, anticiparnos sería una opción; es una manera de prepararnos mejor, saber los esfuerzos personales a los que tendremos que enfrentarnos y la inversión económica necesaria. Esto hace más factible alcanzar una meta que se ajuste a nuestro destino. También nos ofrece la oportunidad de efectuar cambios, de ajustarnos a las necesidades que se vayan presentando y posiblemente de cambiar los planes iniciales al extremo de que quizás la idea original con la cual iniciamos ese camino cambie.

Seguramente te estarás diciendo: «Si cambia el objetivo, es que no logré lo que quería».

No, al contrario; si estás abierto a que el Universo te guíe, habrás logrado más de lo que perseguías, tu satisfacción será mayor. ¿Cómo?

Lo que no lograste durante tu proceso te sirve de enseñanza porque trazó el curso de tu destino, porque te llevará allí donde sentirás mayor satisfacción, y con el tiempo descubrirás que ese cambio estaba más a tono con lo que realmente deseabas y no sabías.

Un ejemplo: ¿Cuántas veces no has deseado lograr u obtener un objetivo particular y no ha sido posible? Por las razones que fuesen resultó más caro, se presentaron escollos en el camino, en fin, no te convenía. Al obtener otro resultado, te das cuenta de que eso era lo que en realidad te convenía. Esto sucede porque el Universo sabe lo que es mejor para ti.

¿Cómo llegamos a ese nivel de consciencia?

Tienes que comenzar por despojarte de todas las estructuras preestablecidas y tomar la decisión de que vas a cambiar el mapa de tu destino.

Tienes que hacerte a la idea de que vas a invertir en ti y de que vas a hacerlo por encima de todos. Te pondrás al frente de la fila —serás primero en tu vida—, aprenderás a ser egoísta, con egoísmo del bueno.

Permite que tu mente se abra a nuevas oportunidades y posibilidades. Atrévete a descubrir quién eres realmente. Hasta que no tengas esa determinación, des ese primer paso, hasta que no enciendas esa llama de pasión que te haga saltar de la silla, no podrás salir de una vida ordinaria para vivir una vida extraordinaria.

Seguramente tienes mil preguntas. ¿Cómo lo logro? ¿Es fácil? ¿Cuánto tiempo demorará? ¿Cuál es la receta?

LA MONEDA

«Eres maestro de lo que has vivido, artesano de lo que estás viviendo y aprendiz de lo que vivirás».
RICHARD BACH

Vamos por pasos. El primero ya lo has dado. Estás aquí, leyendo e instruyéndote para ser feliz. Lo que necesitas es entender cuáles son esas estructuras que se establecen durante el transcurso de nuestra vida. Hay que entender el proceso que está en nosotros para iniciar ese cambio. Si no lo conoces, si no sabes cómo funciona, ¿cómo vas a cambiar lo que no conoces?

Me refiero por ejemplo a esos talleres de fin de semana que prometen cambiar tu vida. Te cobran miles de dólares, sales decidido a conquistar al mundo. ¿Te suena? Conozco a muchas personas que los han hecho. Seis meses o un año más tarde les pregunto: ¿Dónde estás en relación al taller que hiciste, a ese cambio fenomenal? Me echan una mirada de esas de pocos amigos, como si alguien les hubiera robado la dignidad, claro, por aquello de justificar que en aquel momento y por algunos meses aquello los mejoró, pero al final admiten que están en el mismo lugar o peor.

La razón por la cual eso ocurre es porque desconocen la raíz de sus problemas y qué los motivó a llegar allí. Probablemente no entienden el proceso de ese cambio y qué necesitan para cambiar. Por lo tanto, es importante desarrollar conciencia acerca de nuestra naturaleza y luego entender las estructuras que creamos y cómo funcionan.

Esa estructura tiene dos fuentes de influencias en nuestra existencia. Imagínate una moneda. Un lado representa el aspecto espiritual, que trae una acumulación de enseñanzas y *karma*, con una base que podríamos clasificar de estoica, donde una energía predeterminada está presente en nuestra vida, donde tus actos de pasadas vidas y tus lecciones en esta se entrelazan para que vivas unas enseñanzas determinadas. Al desconocer dónde estarán esas lecciones no podrás cambiar tu destino a menos que descubras el significado de tu mapa.

Tomemos como ejemplo una mujer maltratada. Su marido le es infiel y la humilla. Probablemente –aunque no sea necesariamente siempre el caso– sea porque en otra existencia ella fue la agresora. Vivirá el sufrimiento que le causó a otro como lección espiritual y el alma se llevará esa experiencia, esa enseñanza, para no volver a repetirla si aprendió de sus lecciones.

Ahora, si lograra despertar consciencia podría cambiar ese destino sin necesariamente tener que vivir ese maltrato continuo. En otras palabras, ese despertar hace posible que puedas entender lo que te corresponde vivir como lección en esta vida e iniciar un proceso de cambio que te libere de esas lecciones y deje de ser tu *karma*.

A través de un proceso de *coaching* se puede iniciar un cambio que da comienzo a esa liberación de lecciones que te correspondía vivir en un momento dado.

La segunda parte de la estructura, el otro lado de la moneda, nos muestra el lado físico, ese que podemos palpar, cuantificar, esbozar, que tiene que ver más con nuestro entorno desde el punto de vista físico y emocional. Desde el momento en que fuimos engendrados comenzó a establecerse la estructura social que determina nuestra manera de pensar, las reglas colectivas que establece nuestra sociedad, nuestras creencias y nuestras prácticas.

Con el tiempo se van estableciendo una serie de hábitos de conducta que forjan gran parte de nuestro comportamiento. Estos hábitos, arraigados en nuestro cerebro, conectados por neuronas y neuronas, hacen que repitamos o pensemos de la misma manera una y otra vez. Se convierten en costumbres, y la mayor parte de las veces ni siquiera nos damos cuenta. Tanto es así que se nos hace difícil romper con esas estructuras o creencias, aunque no es imposible.

Estos factores, el aspecto espiritual y el aspecto físico y emocional, conforman tu plan de vida; uno está determinado por ti y el otro cumple con el plan que has trazado y tu entorno te ayuda a cumplir tu destino. En otras palabras, el «libre albedrío» y el «destino» son una misma cosa. Uno se da en el plano espiritual y el otro en el plano físico, o sea, somos espíritus viviendo una experiencia física.

En el momento en que entiendes y aceptas ese axioma comienza a fluir un entendimiento que hace posible y más fácil hacer los cambios necesarios para alcanzar los objetivos deseados, sentirte bien contigo mismo y ser feliz.

Está en cada uno. Solo tú tienes la determinación de romper con estructuras viejas, de cuestionarte qué es lo que te está impidiendo crecer y qué es lo que te impide ser esa persona extraordinaria.

¿Qué tienen en común las personas que poseen una vida extraordinaria? Su capacidad de romper con estructuras establecidas, intentar nuevas experiencias, arriesgarse, y que no les importa lo que otros puedan pensar de ellos.

Cuando llegan a ese espacio es porque se han liberado de todo aquello que emocional o espiritualmente los ataba. Claro, existen personas que son exitosas y uno podría pensar que viven una vida extraordinaria. Sin embargo, el «éxito» no es lo que garantiza una vida extraordinaria. Un ejemplo es el actor Robin Williams, el hombre que hacía reír al mundo, exitoso y aparentemente feliz. Sin embargo, todos sabemos cómo terminó y el sufrimiento que llevaba dentro.

Una vida extraordinaria no está determinada por lo que tienes o por el éxito obtenido. Una vida extraordinaria es saber vivir feliz, sin importar lo que tengas o dejes de tener.

APRENDE A AMARTE

*«Porque nadie puede saber por ti. Nadie
puede crecer por ti. Nadie puede buscar por ti.
Nadie puede hacer por ti lo que tú mismo debes hacer.
La existencia no admite representante».*
Jorge Bucay

Nuestro mapa astral refleja aquellas áreas emocionales nuestras que son débiles. Una de esas áreas que podemos identificar es precisamente la autoestima y el amor propio. En muchas ocasiones podemos señalar de dónde proviene o se origina esa falta de amor propio y el porqué. Es una herramienta que nos permite descubrir de manera rápida esas situaciones de impotencia que se irán manifestando durante el curso de nuestras vidas. Obviamente, si tenemos lecciones de vida que pueden lacerar esa autoestima y amor propio, se nos hará difícil ser felices o encontrar la felicidad que deseamos. Quizás te encuentres buscando o hayas encontrado temporalmente la manera de sustituir la felicidad que buscas. Tal vez no te hayas dado cuenta y te encuentres tan absorto en esa búsqueda que dejaste de preguntarte si realmente te estabas amando. Aprovechemos esta lectura y permíteme hacerte la siguiente pregunta: ¿Cuánto te amas? ¿Cómo está tu autoestima? ¿Cómo sabes que te estás amando?

Las respuestas a estas preguntas nunca dejan de sorprenderme. Algunas personas me contestan escuetamente: *«Yo me amo mucho».* Otros, confundidos con la pregunta, rebuscan dentro de sí y me dicen, «*creo que me amo*». Uno pensaría que es fácil obtener una contestación concisa, diáfana y con un sentido de seguridad y aplomo. En general no es así y es porque no le damos la importancia que merece, no está en nuestra lista de prioridades, no forma parte de nuestro propósito de vida. Damos por hecho que si soy, entonces debo amarme, que si alcanzo mi objetivo, carrera, pareja, dinero o las cosas materiales que deseo, entonces me estaré amando.

Algunas contestaciones pueden ser tan frívolas como: «*Voy a la peluquería dos o tres veces a la semana, me cuido y voy al gimnasio*». Habría que preguntarse si eso en realidad significa amarse, si eso trae la felicidad. ¿Acaso el amarse no está estrechamente ligado a la felicidad? ¿Podemos realmente amarnos y no ser felices? ¿O podríamos ser felices sin necesariamente estar amándonos tanto?

Para ser realmente felices tenemos que amarnos y si nos estamos amando realmente entonces podremos ser felices. Lo uno no se puede dar sin lo otro, corren paralelos, van de la mano. El amor propio debe ser proporcional a la felicidad que uno siente. Si te sientes feliz pero no sientes que te estás amando, entonces tienes que evaluar lo que entiendes que te está dando la felicidad. Algunas personas me dicen por ejemplo que sus hijos les proporcionan mucha felicidad y que lo son todo para ellos. Sin embargo, cuando les pregunto si son felices ellos, si se sienten satisfechos con lo que tienen, su trabajo, su situación económica o sus relaciones, surge la pausa; reflexionan y me dicen que no, que no son felices en muchos aspectos de sus vidas. Vuelvo a retomar el tema de los hijos. Vemos reflejados en ellos estados de depresión, baja autoestima, introversión o falta de suerte en sus relaciones. Es sorprendente como mucho de lo que les está ocurriendo a ellos es un reflejo de lo que les ocurre a los padres.

No importa cuán felices nos puedan hacer sentir, lo cierto es que no podemos dar recíprocamente esa felicidad que sentimos a nuestros hijos si existen vacíos emocionales o espirituales, o ambos, en nuestra vida. Tenemos que enfocarnos en nosotros para entonces sentir y dar esa felicidad.

Amarse requiere cierta dedicación. Al igual que nos levantamos por la mañana, de la misma manera que uno sale a trabajar y tiene su rutina, el amor propio requiere de la creación de un hábito que nos ayude a enfocarnos en nosotros mismos. El amor no es el maná que cae del cielo, aunque vive en nosotros en abundancia. Es como el que va en busca de oro; se requieren trabajo, paciencia y herramientas para encontrar ese tesoro escondido. Todos tenemos y gozamos de ese amor interno en cantidades desmedidas. Su abundancia es de tal magnitud que con amor siempre podemos lograr el objetivo deseado. No existe mayor abundancia o riqueza que el amor.

Hemos sido creados por amor y nuestra esencia espiritual no es otra cosa que la semilla del amor.

Dondequiera que vayamos, todo lo que busquemos tiene y goza de la esencia del amor. El amor hay que trabajarlo, cultivarlo y atenderlo. Pretender que fluya como el cauce de un río, sin las debidas atenciones, es una creencia derivada de la ignorancia que nos engendra el ego, que desea hacernos pensar que el amor está ahí y no necesita de atenciones.

Tenemos que trabajar el amor y cultivarlo. Cuanto más consigamos que se convierta en un hábito, mayor será nuestra felicidad.

APRENDE A AMAR

*«Amar no es ocupar el lugar de nadie
sino crear un lugar que nadie más puede ocupar».*
Anónimo

E l amor no está compuesto por una carroza de cristal, zapatos de oro, un beso mágico y el despertar de un sueño que se hace realidad. Sé que para muchos es así cuando viven con una serie de expectativas acerca del amor que luego nunca encuentran. Y es que en algún momento de sus vidas se creyeron el cuento de La Cenicienta. Y no es que no existan esos momentos, sino que están reservados para muy pocos.

Cuando vivimos con esas expectativas, nos alejamos de nuestra capacidad de amar, no sabemos por dónde empezar y cómo cultivar el amor. Solo queremos que nos amen y nos envuelvan en la bruma del amor y la pasión.

El amor requiere que se lo trabaje, como el agricultor que hala su arado para luego echar la semilla. El buen agricultor se levanta al amanecer, aprovecha el fresco de la mañana antes de que pegue el sol, planifica su día, sabe el tiempo que le dedicará a la tierra.

Reconoce que dependiendo del amor y la pasión que le asigne a su trabajo, así será su cosecha. La dedicación determinará el éxito que tendrás.

De igual manera, el agricultor sufre alzas y bajas. El aviso de una tormenta, el pronóstico de una sequía o un tornado le pueden sorprender y devastar su trabajo.

¿Le viene entonces la desilusión? ¿Lo abruman las circunstancias y las lecciones? Claro. No obstante, por el amor que le tiene a su trabajo, regresa a sus menesteres, preparando la tierra y cultivándola nuevamente con el mismo fervor.

En el amor no resultan igual todas las experiencias. En ocasiones estamos sobre aviso y nada hacemos. En otras el amor se distancia, se enfría y perdemos la comunicación, y en otras muchas nos da unas lecciones que son realmente desoladoras.

Muchos no son como el agricultor. Se dan por vencidos, olvidan lo que los unió y no se preguntan lo que realmente los llevó al desamor.

Uno de los problemas fundamentales que encontramos en una relación de poco éxito es la comunicación. En ocasiones llevamos un fuerte bagaje de emociones que no deseamos compartir, que con el tiempo se irán reflejando en nuestras relaciones. Quizás parte de nuestra naturaleza sea ser reservados, inseguros, o almacenamos tanto resentimiento dentro que nos perdemos en nosotros mismos y no sabemos por qué o hacia dónde vamos.

Cuando somos conscientes o desarrollamos consciencia acerca de quienes somos podemos superar la limitación que representa el no saber comunicarnos adecuadamente; no necesariamente el no hablar, pues hay algunos que hablan de más y dicen lo que no deberían. Eso tampoco es comunicación. La comunicación transita por dos vías: la necesidad de comunicar y la de ser escuchado. Los demás también tienen las mismas necesidades.

EL SUFRIMIENTO NOS OFRECE LECCIONES

«El dolor es inevitable, el sufrimiento es opcional».
BUDA

Durante el curso de nuestras vidas, algunos más y otros menos habremos de vivir una serie de lecciones que nos traerán dolor, que nos envolverán en el manto del sufrimiento, que nos quitarán la alegría. Eso no significa que lo estemos haciendo mal, ni que para ser felices tengamos que dejar de sufrir permanentemente.

El objetivo de este libro es ayudarte a abrazar las lecciones que se presentan en tu vida, que reconozcas que en el sufrimiento trae también lecciones que te harán apreciar la vida, es darte las herramientas necesarias para que cuando surja el dolor, el sufrimiento, puedas encontrar igualmente la felicidad.

No deseo que persigas la felicidad ignorando las infinitas posibilidades de crecimiento que nos ofrecen las distintas lecciones. Quiero que aprendas a sufrir adecuadamente, que entiendas que también es parte de nuestro proceso, que nadie es ajeno a ello, que no estás solo en el sufrimiento.

Solo así, entendiendo y aceptando el sufrimiento, podremos descubrir bien el significado de la felicidad. Thich Nhat Hanh, en su libro *No mud, no lotus,* nos dice lo siguiente: *«Si podemos aprender a ver y participar hábilmente con la presencia de la felicidad y la presencia del sufrimiento, ire-*

mos en la dirección de disfrutar más la vida. Todos los días vamos un poco más allá en esa dirección, y finalmente nos damos cuenta de que el sufrimiento y la felicidad no son dos cosas separadas».

Es parte de la dualidad que existe para crear el equilibrio: la luz va con la oscuridad, la sonrisa con el llanto, el sol con la luna y el sufrimiento con la felicidad. Todo va acompañado de algo.

Por lo tanto, si sabes abrazar y ver en el sufrimiento las lecciones que te corresponde vivir, se te hará más fácil reconocer la felicidad que te espera. No puede haber aprecio por un algo sin que experimentemos la pérdida de otra cosa.

El sufrimiento es necesario y nos ayuda a engrandecer el alma y el espíritu. Esta es la razón por la que el Universo nos trae aquí: un constante ir y venir de experiencias y hermosas lecciones que arrojan luz al espíritu. Si no deseas continuar con el sufrimiento, no lo alimentes. El sufrimiento, la infelicidad, básicamente continúa porque lo seguimos alimentando.

David Schwartz, en su libro *The magic of thinking big*, nos dice: «*Deposita solo pensamientos positivos en tu banco de memoria. Afrontémoslo directamente: todos encuentran muchas situaciones desagradables, embarazosas y desalentadoras. Pero las personas fracasadas y exitosas lidian con estas situaciones de maneras directamente opuestas.*

Las personas fracasadas se las toman en serio, por así decirlo. Habitan en ellas solo situaciones desagradables, convirtiéndose ese recuerdo negativo en el inicio de su día. Por la noche, la situación desagradable es lo último en lo que piensan... Las personas confiadas y exitosas, por otro lado, 'no lo piensan otra vez'. Las personas exitosas se especializan en poner pensamientos positivos en su banco de memoria».

Tú decides con qué pensamiento iniciarás el día y con cuál terminarás. Darle permiso a quien sea para que determine tus pensamientos es abrir la puerta al abismo de la incertidumbre. ¿Acaso alimentarías el cuerpo con algo que te hiciera daño? Claro que no. Entonces ¿por qué permitir alimentar la mente con pensamientos negativos?

¿Cómo soltamos el sufrimiento?

Definitivamente no es ignorándolo, no es intentando sustituirlo con pensamientos positivos. Es importante que primero reconozcas el sufrimiento como espectador, que descubras las lecciones que hay detrás de él. ¿Qué lo provocó? ¿Por qué llegó a tu vida?

Luego, abraza y aprende las lecciones que ese sufrimiento te ofrece. Cuando hayas logrado esto, suelta el dolor que te trae la lección y evita repetir la misma lección una y otra vez.

En ocasiones no encontrarás la respuesta a esa pregunta, te sentirás confundido, quizás pienses que no mereces lo ocurrido.

No importa. El solo hecho de abrirte a la posibilidad de querer descubrir las enseñanzas que encierran tus lecciones hará que te lleguen cuando te corresponda aprender de ellas.

Thich Nhat Hanh nos ofrece un excelente ejercicio de respiración para ir despojándonos del sufrimiento.

Mientras inhalas, di: «*Sé que mi sufrimiento está ahí*». Cuando exhales, di: «*Saludo a mi sufrimiento*». (Esto lo harás mientras sonríes al exhalar).

Thich Nhat Hanh dice: «*Tomar una respiración consciente requiere la presencia de nuestra mente, nuestro cuerpo y nuestra intención. Con nuestra respiración consciente, reunimos nuestro cuerpo y mente y llegamos al momento presente. El simple hecho de respirar conscientemente ya nos trae una sorprendente cantidad de libertad.*

Con cada respiración, generamos energía consciente, juntando mente y cuerpo en el momento presente para recibir este reconocimiento de nuestro sufrimiento.

En tan solo dos o tres respiraciones profundas tomadas con toda tu atención puedes notar que el arrepentimiento y la tristeza por el pasado se han detenido, así como la incertidumbre, el miedo y las preocupaciones sobre el futuro».

Reconocer el sufrimiento nos permitirá iniciar el proceso de superación antes de que este controle todas nuestras emociones.

LA BÚSQUEDA DE LA FELICIDAD

«Cada indecisión trae sus propios retrasos y los días se pierden lamentando los días perdidos. Lo que puedes hacer o creer que puedes hacer, comiénzalo. Porque la audacia tiene magia, poder y genio en ella».
JOHANN WOLFGANG VON GOETHE

Puedes pasar toda una vida persiguiendo la felicidad y no encontrarla nunca. ¿Sabes por qué? Porque nunca ha estado lejos de ti. Lo que persigues es una felicidad efímera, probablemente motivada por el ego y no por el espíritu; ahí es donde realmente radica la felicidad que tanto has perseguido.

Si has leído cuidadosamente los capítulos anteriores te habrás dado cuenta de que encontrar la felicidad puede ser una aventura emocionante que te lleve a descubrir en ti facetas y aspectos que desconocías.

Entonces, ¿cómo inicio ese primer paso?

Con pasión, con la firme determinación de que mereces ser feliz. Si comienzas titubeando, lo que encontrarás serán dudas. La probabilidad de fallar será mayor.

Si comienzas con temor, desánimo o buscando excusas para iniciar ese gran paso en tu vida, revisa quién es el que te habla.

No dejes que sea el ego el que te domine o te aleje de ese primer paso para lograr tu objetivo de ser feliz.

Si estás al lado de alguien que te resta felicidad, entonces debes evaluar la conveniencia de tu permanencia al lado de esa persona. Evalúa cómo y qué es lo que hace que te resta la felicidad que tú persigues. Escribe esos puntos, atrévete a discutirlo con esa persona. Utiliza las herramientas necesarias para contribuir a que ambos podáis ser felices, regálale el libro y déjale saber cómo te ha ayudado a ti. Buscad ayuda profesional. Si después de haber agotado todos los recursos, haberle otorgado un tiempo razonable para iniciar ese camino juntos, la relación no mejora, inicia el proceso de distanciarte de lo que no contribuye a tu felicidad.

Lo mismo es aplicable al trabajo, las amistades, la religión; en fin, cualquier práctica o elemento que reste a tu felicidad debe ser evaluado y tú iniciar ese paso de colarte en primera posición.

¿Cuándo fue la última vez que te apasionaste por algo? Así debes iniciar tu crecimiento hacia la felicidad, intentando poner en marcha cada consejo, cada práctica y cada paso para encender esa llama, esa obsesión por ser feliz.

En el próximo capítulo compartiré contigo los doce pasos para ser realmente feliz. Pasos que he experimentado personalmente y que algunos de mis clientes han encontrado que les ha facilitado el ser felices. Cada persona encontrará en una o más de las prácticas propuestas la respuesta que le lleve a ser feliz.

Sea lo que sea lo que hagas, lo importante es que en la medida en que lo practiques una y otra vez, más fácil se te hará alcanzar esa felicidad de manera permanente.

No hay nada concreto, ni un solo elemento que se ajuste a todos por igual. Cada uno deberá encontrar lo que se acomode más a su personalidad. Lo que le hará feliz a uno, solo les traerá satisfacción a otros, pero no necesariamente la felicidad que el otro siente. Por lo tanto, no te sientas mal al ver que otros reflejan más felicidad con lo que hacen y tú no. Persigue solo aquello que se acomode a ti. Recuerda, cada uno trae sus propias lecciones y a través de ellas encontrará aquellas experiencias que le corresponde vivir.

Para algunos será servir a otros, para otros dar charlas y para algunos más sentarse a meditar. De acuerdo con las lecciones, así serán las experiencias y los pasos que iremos dando para ser felices. No es al que más da, ni al que menos ofrece, al que más hable o al que más medite, al más religioso o al ateo; a cada uno le corresponden unas vivencias únicas y que no necesariamente son las tuyas.

Evalúa las posibilidades que aquí te presento, experimenta con ellas y decide cuál te trae espiritualmente más felicidad. Ya has llegado a este punto del libro, ahora falta que inicies tu propia práctica para aumentar tu nivel de felicidad.

TERCERA PARTE

◇◇◇◇◇◇◇◇◇◇◇◇◇◇◇◇◇◇◇◇◇◇◇◇◇◇◇◇◇◇◇◇

LOS DOCE PASOS PARA LA FELICIDAD

> *«Todo camino, por más largo que sea,*
> *comienza con un pequeño paso».*
> Anónimo

Hemos llegado a la tercera parte de este libro, que tiene como objetivo ofrecerte diversas maneras que podemos poner en práctica para esa búsqueda de la felicidad que radica totalmente en nosotros y no fuera.

La primera parte espero que haya logrado el objetivo de presentarte cómo las estrellas nos ayudan a entender eso que llamamos destino. Que, de acuerdo con ese mapa celestial podemos ver nuestra capacidad de ser o no ser felices. Que existen una serie de indicaciones dentro de la carta astral que nos permiten en muchas ocasiones ver las causas de nuestra felicidad o la falta de la misma. Que podemos determinar cuándo seremos más propensos a perder la alegría. Que conociendo nuestra naturaleza encontraremos más fortaleza para lidiar con la falta de felicidad.

La segunda parte es una breve explicación de cómo la ciencia ha ido descifrando el funcionamiento del cerebro y cómo la neuroplasticidad explica nuestra capacidad de cambiar, ser felices y hasta cambiar nuestro destino.

En los doce pasos para la felicidad, te presento prácticas importantes y comprobadas que nos pueden ayudar a fortalecernos en el proceso de alcanzar el objetivo de ser felices.

Lamentablemente, no existe una aplicación que sustituya el trabajo que se requiere de tu parte; otros, por mejores que sean sus intenciones, no podrán hacer el trabajo por ti. No es algo que leas y luego te acuestes a dormir y te despiertes sintiéndote feliz el resto de tu vida. No existe un antídoto que te lleve de la depresión a la felicidad.

Tienes que romper con viejos hábitos. En ocasiones será doloroso; habrá ocasiones que retrocederás y volverás a tus viejos hábitos, que sentirás que no has avanzado y que todo esfuerzo es inútil. Si te mantienes enfocado en los objetivos pequeños, celebrando cada logro, irás experimentando una serie de cambios en ti, y lo verán tus familiares y amigos.

Por supuesto, habrá momentos en que el «ego» sentirá que le están venciendo y hará un esfuerzo mayor por desviarte del camino por lo que escucharás su voz más duramente. Cuando eso ocurra, recuerda que estás más cerca de vencer tus temores, los malos hábitos, y listo para iniciar una nueva vida llena de felicidad.

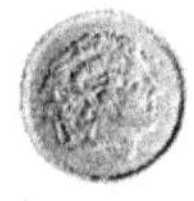

LO INEVITABLE DEL DESTINO

*«A menudo encontramos nuestro destino
por los caminos que tomamos para evitarlo».*
JEAN DE LA FONTAINE

Lo más seguro y cierto en la vida es que quien nace morirá. Su tiempo está escrito en el libro de la vida, en la que se presentarán sucesos sobre los cuales él no tendrá ningún control. Nos dice James Allen en su ensayo *As a man thinketh*: *«Un modo particular de pensamiento persistente, ya sea en lo bueno o malo, no puede dejar de producir sus resultados sobre el carácter y las circunstancias. Un hombre no puede escoger directamente sus circunstancias pero puede elegir sus pensamientos, e indirectamente, seguramente moldear sus circunstancias».*

Lo único sobre lo que tendremos control es aquello que permitamos que dicte el pensamiento. Puedes quedarte como observador y ver como el destino ensalza a algunos y humilla a otros, ver cómo corre tu suerte o hacer que la suerte corra a tu favor.

Conocer tu destino no necesariamente te libera de tu suerte. Bien lo escribió Omar Khayyam's en *Moving fingers* cuando expresó su idea del destino: *«El dedo en movimiento escribe, y después de haber escrito, se mueve: ni toda tu piedad ni ingenio lo atraerá de nuevo para cancelar la mitad de una línea, ni todas tus lágrimas lavarán una palabra de ella».*

Sin embargo, cómo elijamos pensar puede moldear las circunstancias que nos esperan. Aunque el sino esté escrito, conocerlo puede aumentar el beneficio de lo que nos espera o disminuir el dolor que nos cause. El hombre es hacedor de sus propios hechos y responsable del carácter que trae a esta existencia; por ende, es quien crea su propio destino. En esta existencia tiene el poder de cambiar algunas cosas o moldear otras y así crearse un nuevo destino.

Todo cuanto nos ocurre es el reflejo de nosotros mismos; lo bueno y lo malo, las bendiciones o las maldiciones son acciones infinitas que solo uno mismo pone en movimiento para activar la ley divina que tiene como único propósito impartir justicia divina sobre las obras del hombre.

Donde hubo daño vendrá la reparación, donde hubo odio aprenderás a amar, donde hubo muerte habrá vida, aprendiendo así que todo lo que siembras es lo que cosecharás. Si engendro amor cosecharé buenas acciones, si no en esta vida, en la próxima.

Por encima de todo, aparte de todo y de lo que puedas o no creer, existen un perfecto orden divino y una justicia infalible que van forjando nuestros pensamientos, y ya seas virtuoso o vicioso, ya sea a través de lecciones de vida, éxitos o fracasos, nuestra mera existencia nos ofrece una serie de lecciones que durante su transcurso te harán más sabio volviendo a repetir o superar tus lecciones.

De ti depende el curso que tomará tu vida conforme al conocimiento que tengas de tu destino, o vivir lo inevitable que el destino tenga que ofrecerte.

A través de mis largas lecturas y aprendizaje descubrí estos doce pasos que te voy a presentar como esenciales para vivir una vida más plena y feliz. Una vida en la que tendrás más control sobre tu destino.

DOCE PASOS

PASO UNO: CREANDO TU PROPIA REALIDAD

Si somos lo que pensamos, entonces para ser felices tenemos que aprender a crear una realidad distinta a la que tenemos. Todos hemos experimentado, escuchado o visto ejemplos de personas con posiciones económicas estables y hasta ricas pero que no son más felices que aquel que quizás es considerado pobre. Hemos visto en nuestros hijos o en otros, que lo tienen todo, como están tristes o deprimidos, mientras que niños pobres juegan en las calles reflejando ser más felices.

¿Qué puede hacer que una persona que pierde un empleo se sienta más motivada?

Todo dependerá de la realidad que construya en su pensamiento. Si solo ve fracaso, vivirá siempre en modo negativo y experimentará más fracasos. En mis años como «astrocoach» he visto lo que diferencia a un cliente de otro, y es cómo percibe la realidad durante cada prueba que se le presenta en la vida.

La mayoría vive atormentada por lo que no tiene, como relaciones, la economía, la familia, el trabajo o la búsqueda de ser lo que desearía ser. Mientras que aquellos que van en busca de respuestas, los que desean aprender de sus lecciones son más optimistas, pues entienden que de ellos depende cambiar la realidad en la que viven.

Estas personas están determinadas a cambiar su realidad por algo más positivo y buscan luz para elegir bien el camino que van a tomar.

Tu realidad actual puede estar saboteando la raíz de tu existencia; quizás esa sea la razón de tus tristezas, tu mal humor, de que te sientas incompleto. Sin embargo, cuando tomamos la decisión de cambiar esa realidad que altera nuestro estado armonioso, sea personal, emocional o espiritual, obtenemos un cambio positivo en nuestra vida y que la práctica de la felicidad sea más fácil.

Cuando alcances esa autoconciencia y comprendas realmente quién eres, entonces serás capaz de cambiar tus creencias.

Puede ser tan simple como decidir que ya no quieres estar mal de ninguna manera. Una vez que tomes esa decisión, tu verdad cambiará y entonces serás capaz de manifestar y producir tu propio bienestar, creando en efecto tu propia realidad.

El mundo está constituido por retos continuos y algunos no se despertarán a la triste realidad de enfrentarse a las lecciones que les corresponde vivir. Esa realidad es la misma que tu pensamiento ha creado. Por lo tanto, para lograr la realidad deseada es importante que tu percepción del mundo sea positiva.

Ponlo en práctica

Para lograr tu propia realidad, te voy a descubrir cinco pasos clave:

1. Escoge tus posibilidades «reales», las que te ofrezcan mayor crecimiento. Ese crecimiento debe estar equilibrado en tres áreas fundamentales: personal, emocional y espiritual. Si puedes satisfacer al menos dos de las tres, entonces habrás escogido la realidad que te conviene.
2. Establece tus objetivos; de esta manera sabrás definir el proceso correspondiente para lograr el objetivo deseado.
3. Identifica tu punto de motivación y ve dando pasos pequeños para lograr continuos pulsos de éxito que te ayuden a celebrar cada logro.
4. Silencia las conversaciones con tu ego. Cada vez que sientas que en el ruido de tus pensamientos está predominando lo negativo, llévalo al otro extremo. Si temes no lograr un proyecto, imagínatelo realizado y tú cosechando los frutos.
5. Engendra positivismo y entusiasmo en los demás. Esto a su vez contribuirá a que los demás se entusiasmen con tu objetivo, algunos participando en ese crecimiento y otros alejándose de él.

Al cambiar la creencia y tomar control sobre nuestras verdades internas somos capaces de sanarnos a nosotros mismos en cuerpo y alma, y crear bienestar a todos los niveles.

Cuando hacemos la conexión entre lo que sentimos, lo que pensamos, lo que creemos dentro de nosotros mismos y lo que estamos manifestando en nuestras vidas, participamos plenamente en la creación de nuestra propia realidad.

Crear nuestra propia realidad es lograr empoderarnos, aunque debes asegurarte de que la realidad que creas sea siempre positiva.

PASO DOS: BONDAD A LA QUINTA POTENCIA

En el mundo en el que vivimos, ¿habrá esperanza de que algún día todos podamos actuar con bondad? La experiencia nos enseña que la bondad toma fuerza cuando observamos las dificultades o los desastres del mundo.

Estudios realizados por James Fowler y Nicholas Christakis, co-autores del libro *Connected*, han encontrado que la generosidad de una persona tiene un efecto de ondulación, difundiéndose tres grados a través de la red social, de persona a persona. Este estudio científico refleja la enorme influencia que cada persona tiene para influenciar a cientos o miles de personas que ni siquiera ha conocido.

Otra experiencia interesante que todos hemos experimentado en algún momento es la sensación de elevación edificante que se siente cuando vemos a otros realizar un acto de bondad. Solo hay que mirar los miles de «*hits*» que obtiene un vídeo de un acto de bondad en Youtube.

Es ese estado que Jonathan Haidt[12] expresa en su ensayo *Wired to be inspired,* que para el autor significa: «*ver a otras personas elevarse en la dimensión vertical hacia la bondad parece hacer que la gente se sienta superior en sí misma*».

Detente por un momento y remóntate a una ocasión en la que viste algún acto de bondad, algo que te conmovió, que te hizo saltar las lágrimas. ¿Cómo te sentiste? Seguramente elevado, mejor contigo mismo y es posible que más humano, espiritual y capaz de amar enormemente.

Es que la bondad, ya sea generada por ti o por los demás, es contagiosa; ayuda a encontrar esa chispa espiritual en nosotros que nos hace capaces de dar más o ir más allá en tiempos de necesidad.

---

12   *Wired to be inspired,* por Jonathan Haidt ensayo que aparece en la revista de la página web *Greater good* de la Universidad de Berkeley.

Por lo tanto, el «acto de bondad», no solo tiene que ser practicado por nosotros para sentir unos grados de felicidad; ver a otros realizando actos de bondad nos contagia con un sentido de bienestar, nos enriquece el alma y el espíritu y nos brinda un sentido de esperanza y felicidad.

Ponlo en práctica

Proponte realizar un acto de bondad, diario, semanal o mensualmente, que traiga ese sentido de «elevación» a tu vida. Ya sea abrirle la puerta a una persona, enviar un donativo mensual a una organización o ayudar en un hospital, ese acto de bondad te ayudará a sentirte mejor y te encaminará a la felicidad.

Documenta tus experiencias.

PASO TRES: EL CAMINO A LA COMPASIÓN

La compasión es definida como «el sentimiento de pena o dolor que provoca el sufrimiento de otro, que nos lleva al deseo de ayudar a los demás».

Estudios científicos indican que no es un sentimiento irracional que se provoca en el momento, sino que existe un deseo de evolucionar que está en cada uno de nosotros.

Cuando una persona siente compasión por otro, las palpitaciones del corazón bajan, producimos oxitocina y las regiones del cerebro ligadas a la empatía, el cuidado y los sentimientos de placer se encienden, lo que hace que queramos acercarnos y cuidar a los demás.

Los estudios científicos también nos demuestran que existen unos beneficios adicionales, tales como:

• Somos más socialmente capaces

- Nos hace menos vengativos hacia otros
- Desarrollamos mejores amistades, experimentamos mayor satisfacción y crecimiento en las relaciones
- Se activan sistemas neuronales que provocan el deseo de ayudar a los demás
- No vemos la vida tan negativamente
- Disminuyen las hormonas del estrés en la sangre y la saliva y se fortalece la respuesta inmune
- Nos hacemos más altruistas

Lo interesante de los estudios realizados es que se demuestra que la compasión no es un don con el cual se nace; es un sentimiento que se desarrolla y con la práctica somos capaces de ampliar nuestro ancho cerebral de banda.

No es que estemos limitados en cuanto a compasión, es que queremos controlar nuestros niveles de compasión. Esto se debe en parte a que no nos queremos ver en la obligación de dar.

Por lo tanto, la motivación de sentirse compasivo dependerá de los sentimientos que estemos albergando en el momento en que veamos la necesidad de otro.

¿Podemos desarrollar más compasión?

Claro, en la medida en que reconozcamos el beneficio que representa el ser compasivo con el prójimo y cómo eso redunda en beneficio para la comunidad en la que vivimos pues ese sentimiento tiene un efecto en general.

Ponlo en práctica

Cuando nos damos cuenta de la diferencia que marcamos al ayudar a otros y cómo podemos aliviar el dolor de los demás y contribuir al bienestar de la sociedad y al propio, entonces se despierta en nosotros la motivación de ser compasivos.

Vamos a entrenar la mente para ser más compasivos con la meditación.

Comienza a meditar sobre una experiencia donde algún familiar o amigo te trató con compasión y cómo te sentiste. Reflexiona sobre esos sentimientos. Hazlo durante un par de días.

Ahora medita sobre algún familiar o amigo y siéntete compasivo por la situación que atraviesa.

Si crees que nunca has sentido compasión por nadie, entonces sustituye el primer ejercicio enfocándote en ti. Medita sobre ti sintiendo compasión por ti.

Otro ejercicio es situarte en el lugar de alguien que no conoces. Si lees o ves alguna noticia sobre alguna tragedia, ponte en su lugar y situación y siente compasión por esa persona.

Los estudios realizados por las universidades de Emory y Stanford[13] nos indican que existen maneras de ayudarnos a cultivar la compasión, y estas son algunas:

- Calma tu preocupación interna. Cuando dejamos que nuestra mente se vuelva loca por el miedo en respuesta al dolor de otra persona (por ejemplo, cuando pensamos: ¿qué pasaría si eso me sucediera a mí?) inhibimos los sistemas biológicos que permiten la compasión. La práctica de la atención plena puede ayudarnos a sentirnos más seguros en esas situaciones, facilitando la compasión.

- Fomentar la cooperación, no la competencia. Un estudio demostró que describir un juego como «juego comunitario» llevó a los jugadores a cooperar más y compartir una recompensa de manera uni-

---

13   *Greater good magazine compassion: How do I cultivate it?*
https://greatergood.berkeley.edu/compassion/definition#how-cultivate

forme. Describir el mismo juego como un «Wall Street Game» hizo que los jugadores más agresivos y menos honestos pensaran de una manera más individualista. Esta es una valiosa lección para los profesores, que pueden promover el aprendizaje cooperativo en el aula.

- Ver a las personas como individuos (no abstracciones). Cuando por ejemplo se les presenta una petición de ayuda de una organización benéfica contra el hambre, las personas tienen más probabilidades de dar dinero después de leer la historia de una niña hambrienta que después de ver estadísticas sobre el hambre.

- No juegue al juego de la culpa. Cuando culpamos a otros por su desgracia, sentimos menos ternura y preocupación hacia ellos.

La indiferencia es un reflejo del que carecemos como personas; por eso es importante cultivar la compasión con uno mismo para poder aplicarla a los demás.

PASO CUATRO: VIVIR EN EL AHORA

Durante mi carrera como astrólogo una de mis observaciones más significativas ha sido que mis clientes en general piensan todo demasiado, desde vivir con las culpas del pasado a preocuparse en exceso por el futuro. Esa voz constante constituye una conversación incesante con uno mismo donde cerca de 2.500 a 3.000 pensamientos son procesados por hora.

Más de la mitad es pensando sobre lo mismo. Y es que hemos convertido en rutina y hábito el estar en conversación perpetua, y solo cuando necesitamos enfocarnos en algún otro tema logramos distraer esa conversación por un instante.

Hay un flujo continuo de pensamientos imparables que terminan llevándote al borde de la locura. Bueno, quizás no tanto como al borde de la locura, pero en algunas personas esto provoca estados depresivos, sentido de incertidumbre, pesar y hasta cierto sentido de soledad.

A veces, este flujo interminable de pensamientos es agotador, especialmente cuando estás ansioso o preocupado. Para distraer la atención de estos pensamientos, las personas recurren a la bebida, las drogas o dedican su tiempo a aficiones o actividades que no les ayudan a resolver los problemas inmediatos pero que les distraen.

Si te tomas un tiempo para evaluar esa continua conversación contigo mismo, te darás cuenta de que:

- Aporta muy poco a la solución diaria
- Gastas energía innecesariamente
- Hace difícil que te enfoques en otras áreas que contribuirían más a tu vida
- Eliminarla ayudará más a tu paz mental, a tu felicidad y a una vida más abundante

Imagínate que, a donde quiera que fueras, dejaras siempre el coche encendido. Como sabes, el gasto de energía contribuye a la contaminación ambiental y al desgaste del motor. ¿Lo dejarías encendido? Claro que no. Entonces; ¿por qué no aquietar la mente?

Me vas a decir que ocurre automáticamente, que el pensar y conversar contigo mismo es un proceso espontáneo. Que no hay manera de acallar esa conversación continua con nosotros mismos.

Una manera de identificar esas conversaciones dañinas es preguntarte lo siguiente: ¿Repito el mismo pensamiento que parece una repetición continua, más de lo mismo, sintiendo los mismos temores o estados de ansiedad, viviendo en el pasado o demasiado preocupado por el futuro, creándome estados de ansiedad, tristeza o depresión, distanciándome de donde estoy, desenfocado, distraído y dando la impresión de que estoy distante, analizando continuamente mi situación o la situación de los demás, o cómo van a reaccionar o que me van a decir?

Una vez que vayas creando consciencia sobre lo que te afecta, aplicando técnicas como romper viejos hábitos, que explico en los capítulos anteriores podrás detener esas conversaciones.

Uno de los autores más reconocidos sobre el tema de vivir en el ahora es Eckhart Tolle, quien en su libro *El poder del ahora* nos dice que debemos «observar al pensador»: «*Cuando escuchas esa voz, escúchala imparcialmente, es decir, no juzgues ni condenes lo que oyes, porque eso significaría que la misma voz ha vuelto a entrar por la puerta de atrás. Pronto te darás cuenta de esto: la voz está allí y yo estoy aquí observándola, esta compresión 'Yo Soy', esta sensación de tu propia presencia no es un pensamiento, surge de más allá de la mente*».

Lograr ese estado de consciencia propia no te llevará a estar en un estado pasivo o de desapego; al contrario, te hará más consciente de saber quién eres realmente. Te traerá un estado de paz, quietud y hasta de felicidad.

Si ese fuera el precio a pagar, ¿cuánto pagarías por obtenerlo?

Mi experiencia es que más del 90% de mis clientes tienen pensamientos repetitivos e inútiles y como consecuencia son disfuncionales y a menudo de una naturaleza negativa y hasta perjudicial.

Parte del despertar es aceptar como tuyo lo que te ocurre en el momento, asumiendo lo que tienes en el presente. No importa lo que el presente te esté ofreciendo; es tuyo, es parte de tu destino, es parte del libreto que has escrito.

En el momento en que te des cuenta de eso, no solo se te hará más fácil lidiar con las situaciones presentes, sino que irás aprendiendo más rápido de tus lecciones.

En el libro que escribió Byron Katie, *Loving what is*, expresa que ella odia discutir con la realidad que tiene presente, porque es lo que es y debemos aprender a amar lo que es en el momento. Si el destino es lo que hemos escogido, si es parte de nuestras lecciones, entonces lo que dice Katie tiene sentido. Es más, voy a ir más lejos: no solamente ama lo que es; aprende a abrazar lo que es hasta que te suelte.

Procura engendrar en ti pensamientos que enaltezcan el alma y el espíritu; esto te hará vivir en el ahora de forma más llevadera. Cuando veas señales de que podrías estar perdiendo esa chispa de felicidad, eso puede ser un indicativo de que tu ego se está manifestando para llevarte por el sendero de la infelicidad. Pueden ser momentos de impaciencia, nervios o temores, irritación o molestias, o de necesidad de provocar algún drama en tu vida que te haga creer que necesitas algún tipo de reconocimiento.

En ese momento tienes que contenerte y salir del sendero que te llevaría a caer nuevamente en esos viejos hábitos de largas e infructuosas conversaciones que te restan energía innecesariamente.

Otro aspecto del cual debes ser consciente es el factor tiempo y acerca del cual Eckart Tolle dice magistralmente lo siguiente: *«El foco principal de atención de las personas iluminadas es siempre el Ahora, pero todavía son periféricamente conscientes del tiempo. En otras palabras, utilizan el tiempo del reloj presente, pero están libres de tiempo psicológico».*

Los errores del pasado no son determinantes de quién eres tú en el ahora. Cuando aprendes de tus lecciones y las sueltas, estás viviendo en el ahora. Si vives continuamente recordando el pasado, estás viviendo en el tiempo psicológico, que nada aporta al ahora. Estás utilizando un tiempo inexistente que solo resta energía al presente.

De igual manera, si quieres conocer tu futuro para vivir mejor tu presente, entonces estás utilizando el reloj presente. Pues solo en el presente se podrán dar los procesos necesarios para llegar al objetivo que establezcas.

No puedes hacer nada con el futuro que conoces si no trabajas los objetivos de cambio estableciendo los procesos del ahora.

Otra manera de verlo sería como lo ha expresado Tolle: *«Si es la calidad de tu conciencia en este momento lo que determina el futuro, ¿qué es lo que determina la calidad de tu conciencia? Tu grado de presencia. Así que el único lugar donde el verdadero cambio puede ocurrir y donde el pasado puede ser disuelto es el ahora».*

Ese sería el principal beneficio de una consulta astrológica: que puedes definir el proceso para cambiar tu futuro.

Todo lo que podría ser negativo se establece en el tiempo psicológico y es lo que te lleva al rechazo del presente y lo que irá creando esos pensamientos de temor, resentimiento, ansiedad y estrés, etc., porque estás viviendo y arrastrando el pasado y no te das cuenta de que pierdes entre los dedos lo que podrías estar viviendo en el presente.

Cuando logras vivir en el presente, cuando tomas consciencia del ahora, te liberas y encuentras en ti la salvación que buscas. Esa es la salvación que te ayudará a hallar la verdadera felicidad.

Por lo tanto, si aceptas abiertamente lo que te ocurre en el momento, incluso experimentando sentimientos de ira, ansiedad y depresión, y ves en ti la lección como parte de tu destino, surgirá un despertar de consciencia y habrá más probabilidad de que no desees continuar arrastrando ese proceso. Te será más fácil liberarte del sentimiento que llevas dentro que continuar alimentando tu ser con sentimientos dañinos; de esa manera la lección se convertirá en parte del pasado.

La manera más sencilla de trabajar ese aspecto es asumiendo la responsabilidad que te corresponde. Si he forjado mi destino, si estas son las lecciones que he escogido, entonces asumo mi responsabilidad.

En el mundo en el que vivimos no existe la permanencia; es un cambio continuo de una realidad y otra. Sobre lo único que tienes control es sobre la realidad presente, el ahora, este instante, y es a ese instante al que debes sacarle el mayor provecho.

No puedes hacerte responsable de lo que ya pasó; no hay manera de cambiarlo. No puedes hacerte responsable del futuro, pues aún está por llegar. Eres responsable del ahora y es en el ahora donde se puede subsanar el pasado o forjar un futuro mejor.

Ten presente que tu llegada a esta existencia tiene dos propósitos: lo que aprendas en el plano físico y lo que aprendas en el plano espiritual. Tu meta es llegar a cumplir el destino que te corresponde.

Si solo te enfocas en el objetivo, que es tu destino, y pierdes perspectiva de los pasos que debes dar en el ahora, o sea, del proceso, perderás de vista el propósito que tienes en el plano espiritual. Del proceso es de donde proviene el crecimiento y no del objetivo, el plano físico de tu propósito.

En la medida en que tomes más consciencia de los pasos en el ahora, los cambios que se presenten o que entiendas te desvían en el momento de tu objetivo serán más aceptables porque estarás obrando desde el espíritu y no desde el plano físico. En el ahora solo se puede obrar desde el espíritu.

Por lo tanto, cuando logras tomar consciencia de esta dualidad existencial, que sigue siendo una con respecto al propósito divino que tenemos, vemos la perfección en todo lo que hacemos y vamos logrando en el futuro.

Ponlo en práctica

Conviértete en un alquimista, transformando los temores o pensamientos negativos en pensamientos positivos, viviendo en el ahora y aquello sobre lo que tienes control en el momento, en este instante.

PASO CINCO: GRACIAS, GRACIAS, GRACIAS

Quizás uno de los hallazgos más importantes de mis investigaciones sobre el tema de la felicidad sea que la práctica de la gratitud aporta un 25% de la felicidad de nuestra vida. ¿Te das cuenta de lo que eso representa?

Si comienzas tu día con gratitud y luego te acuestas con gratitud, las posibilidades de que te sientas más feliz son mayores, un 25% más que si no lo haces.

¿Hace falta explicar más?

Lo haré de todas formas, pues deseo que salgas convencido de la importancia que tiene esta práctica.

Una de las personas expertas en el tema de la gratitud es el doctor Robert Emmons, psicólogo de la Universidad de California y autor del libro *Thanks*. Él nos explica que la gratitud nunca, hasta hace poco, había sido examinada o estudiada por científicos psicólogos. «*Es posible que la psicología haya ignorado la gratitud porque aparece en la superficie como una emoción muy obvia, carente de complicaciones. Recibimos un regalo de amigos, de la familia, de Dios y lue-*

go nos sentimos gratamente agradecidos. Pero mientras la emoción me parecía algo simplista, cuando comencé mi investigación pronto descubrí que la gratitud es una experiencia más profunda y más compleja, un fenómeno que juega un papel crítico en la felicidad humana. La gratitud es literalmente una de las pocas cosas que pueden cambiar sensiblemente la vida de las personas».

Aunque nos pueda parecer una suposición lógica y simple el afirmar que la gratitud nos pueda ofrecer cierto grado de felicidad –y muchos lo damos como un hecho– la realidad es otra: la importancia que tiene la práctica de gratitud es mucho más profunda de lo que imaginamos.

Hemos aprendido a dar valor a otros aspectos de la vida que en realidad son efímeros, que no tienen tanta importancia. Lamentablemente, cuando surge una lección de vida nos damos cuenta de que aquello que creíamos que nos hacía felices en realidad no nos haría felices para nada.

La felicidad depende de lo que ocurre en nuestras vidas y no necesariamente de lo que deseamos de la vida, o creemos desear.

La gratitud es una manera de impulsar los niveles de felicidad en nuestra vida.

Como nos dice Sonja Lyubomirsky en su libro *The how of happiness*: *«En resumen, a través de todos los ámbitos de la vida, la felicidad parece tener numerosas derivadas positivas que pocos de nosotros nos hemos tomado el tiempo de entender realmente. Al llegar a ser más felices, no solo aumentamos las experiencias de alegría, contento, amor, orgullo y asombro, sino que también mejoramos otros aspectos de nuestras vidas: nuestros niveles de energía, nuestro sistema inmunológico, nuestro compromiso con el trabajo y con otras personas y nuestra salud mental. Al hacernos más felices, reforzamos también nuestros sentimientos de autoconfianza y autoestima; llegamos a creer que somos seres humanos merecedores de respeto. Una ventaja final y quizás menos apreciada es que si nos volvemos más felices, no solo nos beneficiamos a nosotros mismos, sino también a nuestros socios, familias, comunidades e incluso a la sociedad en general».*

Por lo tanto, consciente o inconscientemente, toda persona desea sentirse feliz para obtener de alguna manera eso que ella explica en su libro. Es natural que deseemos tener cierto grado de felicidad en nuestra vida.

Hay algo que ella no menciona, que quizás sea el motor inconsciente que más nos mueve para llegar a ser felices.

En el momento en que logramos ese grado de felicidad, no solo comenzamos a ser más felices, sentirnos más completos y equilibrados, sino que se inicia un grado de crecimiento espiritual en nosotros. El estar feliz despierta la semilla del crecimiento espiritual.

Claro, como todo, en cada persona de una manera muy personal.

James Allen, en su ensayo *Belief: the basis of action,* nos dice lo siguiente: «*Las creencias establecidas por los grandes maestros no son una creencia particular de alguna escuela, filosofía o religión, sino que consisten en una altitud de la mente que determina todo el curso de la vida. La creencia y la conducta son, por lo tanto, inseparables, porque una determina la otra*».

En el momento en que nos demos cuenta de la importancia de la felicidad, más fácil se nos hará la práctica de la gratitud. La creencia tiene que venir, no del razonamiento o de la intelectualidad, sino del corazón, de la creencia de que todo lo que te «dice» el corazón es espiritualmente cierto. Es del corazón de donde nace el amor y del amor nace nuestra capacidad de ser felices.

El estar felices nos proporciona otros beneficios que no solo son tener una sonrisa; nos hace más creativos, nos da más autocontrol y mejores habilidades para manejar situaciones difíciles en la vida.

¿Cómo aumentamos nuestra felicidad un 25%?

Aquí está el resultado del primer estudio sobre la gratitud que el doctor Emmons llevó a cabo con su equipo: *«Los investigadores dividieron a los participantes en tres grupos. Cada semana los participantes guardaban un diario en el que describían, en una sola oración, cinco cosas por las que estaban agradecidos. Un grupo, la condición de gratitud, el otro grupo anotaba las situaciones desagradables (la condición de las molestias). El tercer grupo, el neutral, simplemente describió cinco eventos que ocurrieron (la condición de eventos)».*

¿Qué reveló el primer estudio? *«Al final de las diez semanas, se examinaron las diferencias entre los tres grupos en todos los resultados de bienestar que medimos al inicio del estudio. Los participantes en la condición de gratitud se sintieron mejor acerca de sus vidas en general y más optimistas sobre el futuro que los participantes en cualquiera de las otras condiciones de control. Para ponerlo en números cuantitativos, de acuerdo a la escala que usamos para calcular el bienestar, eran un 25% más felices que los otros participantes».*

No sé tú, pero si yo puedo aumentar mi felicidad un 25% con solo identificar esos hechos que ocurren en mi vida por los cuales debería sentirme feliz, ¡a escribir se ha dicho!

Emmons nos dice que *«los participantes en la condición de gratitud se sentían más alegres, entusiastas, interesados, atentos, enérgicos, excitados, decididos y fuertes que aquellos en la condición de molestias».*

Despídete con gratitud y despierta con gratitud

Otro hallazgo revelador sobre ese primer grupo fue que los participantes que anotaron sus gratitudes durmieron mejor y se sintieron más frescos al despertar. Quizás esta sea la razón por la cual las personas agradecidas se sienten más vivas y vitales durante el día.

Este hallazgo es enorme en cuanto a que los trastornos del sueño han sido identificados como indicadores centrales del mal estado general del bienestar.

¿Tienes problemas para dormir?

Como dice Emmons: «*Puede parecer simplista, pero la evidencia no puede ser ignorada: si quieres dormir más profundamente, cuenta las bendiciones, no las ovejas*».

El estudio también arrojó que las personas que sufren depresión, cuando comienzan a practicar la gratitud logran una mejoría en su estado emocional.

¿Deseas salir de la depresión? Comienza y termina tus días en gratitud.

¿Cómo fortalecemos la relación de pareja? Los estudios nos indican que por cada acto negativo se requieren cinco actos positivos. Y la manera de lograr esto es practicando la gratitud en las relaciones. Expresa las cosas que te hacen sentir agradecido por la relación que tienes con tu pareja.

Practícalo una vez al mes durante treinta minutos o una hora al mes para agradecer las cosas que hicisteis buenas el uno con el otro.

En tiempos buenos es fácil poner en práctica la gratitud. ¿Cómo practicamos la gratitud en tiempos de dificultades y retos y especialmente cuando el entorno en general, ya sea por situaciones políticas, económicas o tragedias, está presente en el día a día?

Por supuesto que es más fácil ser agradecido cuando todo marcha excelentemente bien. Nos dice Robert Emmons: «*Las tradiciones religiosas nos animan a reaccionar con pasividad y resignación ante la pérdida y la crisis; nos aconsejan cambiar nuestra perspectiva para que nuestro sufrimiento se transforme en una oportunidad de crecimiento. No solo la experiencia de la tragedia nos da una oportunidad excepcional para el crecimiento, pero algún tipo de sufrimiento también es necesario para que una persona logre un crecimiento psicológico adecuado. En su estudio de los auto-actualizadores, los parangones del bienestar mental, el famoso psicólogo humanista Abraham Maslow señaló que 'las lecciones de aprendizaje más importantes... fueron tragedias, muertes y trauma... lo que obligó a cambiar la perspectiva de vida de la persona y consecuentemente en todo lo que hizo'*».

En una circunstancia personal en la que me informaron de la posibilidad de perder a mi hija, el mundo parecía derrumbarse a mi alrededor. Por supuesto que me deprimí, y es en esos momentos cuando uno se cuestiona el por qué le corresponde vivir las lecciones que se nos presentan en la vida.

Es ahí cuando nos damos cuenta de lo que tiene y no tiene valor, y nace esa chispa que nos transforma. Algunos para bien y otros quizás para no tan bien.

Surge un despertar de consciencia, una voz interior que nos deja ver que al final saldremos más victoriosos porque estamos aprendiendo de los errores, de las lecciones que nos impone el destino y nos permiten tomar una mejor dirección para nuestra vida.

Por lo tanto, estar agradecido durante tiempos de dificultad es posible si vemos el aprendizaje que hay detrás de cada lección.

El secreto está en lo que nos enseña Emmons: «*Es la gratitud lo que nos permite recibir y es la gratitud la que nos motiva a devolver, devolviendo la bondad que se nos ha dado. En resumen, es la gratitud la que nos permite ser plenamente humanos».*

En otras palabras, con el acto de gratitud podemos cambiar nuestra visión de vida.

Cuando establecemos una práctica de gratitud, que se convierte en esa dosis de felicidad, nos fortalecemos y nos preparamos para ser agradecidos en tiempos de dificultades.

Es difícil, hasta parece un insulto pedirle a alguien que ha perdido su empleo o a un familiar que haya atravesado por alguna desgracia, que sea agradecido. Y es que la gratitud es una respuesta natural a una situación particular cuando algo sale bien.

Aunque la gratitud es un sentimiento, también es posible convertirlo en una actitud de vida que nos permita ser agradecidos, no importa las circunstancias que se presenten. Eso requiere aprender a establecer la gratitud, no solo como sentimiento cuando los asuntos marchen bien, sino también como actitud, tomando esas pequeñas lecciones o retos que la vida nos presenta, aceptando la realidad presente.

Rodéate y contágiate de personas positivas, y lleva a otros ese mismo sentir de positivismo y bienestar como muestra de agradecimiento por las oportunidades que el Universo te brinda.

Ponlo en práctica

Con el vaivén de la vida es fácil olvidar momentos en los que obtenemos instantes de gratitud. Escribir esos instantes en un diario hará posible que cuantifiques todo aquello por lo cual deberías estar agradecido.

Hazlo al final del día y antes de acostarte dale las gracias al Universo por haberte brindado estas bendiciones. Por la mañana agradece e inicia tu día en gratitud y por la noche despide tu noche en gratitud.

Al final del mes evalúa cómo te has sentido.

PASO SEIS: EMPATÍA

¿Quién no ha estado sentado en un cine y no ha sentido la emoción de una carrera de coches, el temor a la altura o se ha emocionado por aquel beso prolongado? Es casi inevitable ponerse en el pellejo del protagonista y no sentir lo que siente el actor. En esos momentos nos consumen las emociones, se desbordan las lágrimas y se nos aflojan las piernas.

Estamos tan acostumbrados a la empatía, que en realidad no nos damos cuenta de cuándo surge.

El término de empatía se utiliza para describir una enorme gama de experiencias que uno siente sobre las demás personas, que a su vez nos brinda la posibilidad de sentir lo que ellos probablemente sienten, es la capacidad de sentir emocionalmente aquello por lo que otro está pasando.

Unos piensan que es algo innato en el ser humano, otros que se aprende a sentir empatía, mientras que existe otro grupo que entiende que ambas posibilidades juegan un rol en el ser humano.

No somos los únicos; los animales también reflejan empatía. ¿Quiénes no han tenido la experiencia de ver a alguien llorar y observar a un perro acercarse buscando consolarlo? Eso es empatía.

Lo que nos lleva a darnos cuenta de que la empatía es una práctica que podemos desarrollar y convertir en hábito si así no los proponemos para lograr el estado de felicidad.

En otras palabras, podemos aprender, ponernos en los zapatos de otros buscando entender sus sentimientos y su perspectiva de lo que les ocurre, y utilizar ese entendimiento para guiar nuestras propias acciones, sin que necesariamente tengamos que vivir las mismas experiencias.

Esto es lo que llaman neuronas espejo –o *Mirror-Neuron System*[14]–, que explica cómo el cerebro identifica unas experiencias e imita y aprende de manera cognitiva sin la necesidad de pasar por el proceso o la experiencia.

En la última década, los científicos han estado estudiando las neuronas y han descubierto que existen diez secciones de circuitos de empatía en nuestro cerebro, que de estar afligidos o dañados harían que el individuo no tuviera entendimiento de las emociones de los demás.

Como hemos visto en los estudios de neuroplasticidad, podemos continuar desarrollando y cultivando el sentido de la empatía durante el transcurso de nuestras vidas desde la práctica y la intención de querer entender las vicisitudes que sufren los demás.

Convirtiendo la empatía en una actitud en nuestra vida diaria podemos contribuir al bienestar de nuestro entorno, y a su vez mejorar nuestra felicidad.

La práctica de la empatía tiene numerosas ventajas para aquellos que la practican o la enseñan. Por ejemplo:

- Reduce la agresividad o el *bullying*
- Es contagiosa y hace que otros se sientan igual
- Aquellas personas con una empatía alta son más propensas a ayudar a otros
- Promueve un mejor trato a personas desventajadas

¿Cómo cultivamos la empatía?

- Aprende a escuchar atentamente y a demostrar interés en la conversación

---

14   *Mirror-Neuron System*, Rizzolatti and Graighero
http://keck.ucsf.edu/~houde/sensorimotor_jc/GRizzolatti04a.pdf

- Identidad compartida: esa persona que sientes es distinta a ti; busca aquellas características que tiene en común contigo
- Ponte en sus zapatos: busca una noticia e identifícate con su sufrimiento o dolor

¿Cómo nutrimos la empatía?
- No tiene que ser innata, se aprende
- Posiciónate en el lugar de otro, intenta sentir lo que esa persona siente o piensa
- No juzgues a los demás
- Ayuda a otros a cultivar la empatía

La empatía nos ayuda a desarrollar buenas relaciones; si no tenemos empatía por los demás será difícil desarrollar buenas amistades, mantener una relación saludable de pareja o con los hijos.

Además, en la medida en que desarrollemos empatía seremos capaces de disfrutar y celebrar la alegría de los demás, y sentir emocionalmente esa alegría hace que uno también se sienta feliz.

Ponlo en práctica

Escoge una persona con respecto a la cual hayas sentido algún prejuicio o a la que hayas juzgado y date la oportunidad de conocerla. Luego identifica las características que esa persona tiene que se parezcan a ti.

Recuerda: el desarrollo de la empatía te hace compasivo, y el ser compasivo ayuda a los demás, uno de los pasos que nos hace más felices.

PASO SIETE: DEJA DE PENSAR EN POSITIVO

Probablemente uno de los pensamientos más dañinos del movimiento de bienestar y crecimiento espiritual ha sido la insistencia acerca de que tienes que pensar en positivo. Un despliegue de motivadores, escritores y filósofos de la vida promueven incansablemente la prédica del pensamiento positivo. Reflexiones, libros, discos, calendarios... en fin, el negocio del pensamiento positivo es millonario, porque todo el mundo quiere una cura contra el pensamiento negativo.

No te voy a decir que tener un buen estado de ánimo y pensamientos positivos no vaya a contribuir a tu bienestar en general. Por supuesto que tiene beneficios, pues aporta a una mejor perspectiva de vida, reduce el estrés, y como consecuencia minimiza que vayas a enfermar. Socialmente las personas se sienten más cómodas con personas positivas que el estar al lado de alguien negativo.

Pero uno de los problemas que hay con el pensamiento positivo es que tendemos a ser deshonestos con nosotros mismos. No somos capaces de ver nuestra naturaleza, el mal que nos aqueja, lo que nos lleva a un estado en particular.

Bien lo expresó Osho en una entrevista: «*La filosofía del pensamiento positivo significa ser mentiroso, significa ser deshonesto. Significa ver una cosa determinada; sin embargo, negar lo que has visto significa engañarte a ti mismo y a los demás*».

Lo cierto es que lo negativo es tan importante como lo positivo. No podemos aprender, crecer personal o espiritualmente si en el proceso no experimentamos las lecciones que ambos lados tienen que ofrecernos. Como la noche necesita del día, el amor del odio, la alegría de la tristeza, todas las lecciones que se nos presenten en el camino son un aprendizaje.

El ser humano no puede convertirse necesariamente en rico, saludable, optimista y exitoso por pensar positivamente. Que eso puede tener cierta influencia es indiscutible; que es lo que determinará tu destino, lamentablemente no. No me malinterpretes; no es que esté en contra de ser positivo; estoy en contra de querer sofocar lo negativo con lo positivo como si este fuese el elixir para cambiar el sino de cada uno, de intentar opacar la realidad existencial de lo que es nuestra verdad. Se requiere del Ying y del Yang, de un polo negativo y otro positivo para producir electricidad. Cómo utilicemos ambos es lo que determinará el manejo de nuestras emociones.

En un artículo de 2000, el psicólogo de la Universidad de Michigan Christopher Peterson, fundador del movimiento de psicología positiva, hizo una distinción sobre el optimismo realista, que espera lo mejor sin perder de vista los posibles percances, del optimismo poco realista, que ignora tales lecciones. Por lo tanto, el pensamiento positivo puede ser más dañino que efectivo dependiendo de la madurez y la objetividad que uno tenga.

Ahora bien, volviendo al tema de la felicidad: ¿es negativo aplicar el pensamiento positivo?

Sí, especialmente si no hemos identificado la raíz del problema, qué es lo que nos lleva a ese estado emocional. El desconocimiento de la raíz del problema solo nos ofrecerá una cura temporal y finalmente volveremos a caer en los mismos patrones. El pensamiento positivo por sí solo no resuelve el problema; solo entendiendo la raíz del problema y sanando el mismo lograremos los cambios deseados.

Una vez hayamos identificado el problema, lo recomendable sería crear un comportamiento contrario a lo que sentimos, aunque sea actuando, pues estudios nos indican que la sola postura, mantenerse derecho, mejillas en alto, las manos en las caderas, sonreírse y alzar las cejas, todo a la vez durante veinte segundos aporta un mejor estado emocional.

Dana Carney, profesora asistente en Columbia Business School, dirigió un estudio donde dividió a los voluntarios en dos grupos. Las personas de un grupo fueron puestas en poses de poder. Algunos estaban sentados en los escritorios. Se les pidió que pusieran los pies sobre la mesa, miraran hacia arriba y entrelazaran las manos detrás de la cabeza. Por el contrario, a los del otro grupo se les pidió adoptar posturas que no estaban asociadas con el dominio. A algunos de estos participantes se les solicitó que pusieran los pies en el suelo, las manos en el regazo y miraran al suelo. Solo un minuto de presentación dominante proporcionó un verdadero impulso a la confianza. Amy Cuddy, profesora de la Universidad de Harvard en Psicología, detalla unos hallazgos similares en su libro *Presence*, y Richard Wiseman, en su libro *The as if principle*, también comparte lo siguiente: «*La noción de comportamiento que causa emoción sugiere que las personas deberían ser capaces de crear cualquier sentimiento que deseen simplemente actuando como si estuvieran experimentando esa emoción*». O, como dijo William James: «*Si quieres una cualidad, actúa como si ya la tuvieras*». Me refiero a esta propuesta simple pero poderosa del principio de «como si fuera».

Este aspecto de la teoría James lo energizó más que cualquier otro. En una charla pública describió el poder potencial de la idea como un «rayo embotellado» y anotó con entusiasmo: «*El camino voluntario soberano hacia la alegría... es sentarse alegremente, mirar alegremente, y actuar y hablar como si la alegría ya estuviera allí. Luchar contra un mal sentimiento solo atrae nuestra atención sobre él y lo mantiene fijo en la mente*».

En otras palabras, pensar que no deseas estar deprimido te traerá más depresión; pensar que no puedes lograr cierto objetivo solo traerá que no des los pasos necesarios para iniciar ese proceso que te llevará a ese objetivo.

El secreto de lograr lo que deseas es precisamente actuar como si ya lo tuvieses. Por lo tanto, no es deseando una vida extraordinaria, sino viviendo una vida extraordinaria. Es definiendo lo que es para ti vivir una vida extraordinaria y luego, aunque inicialmente sea actuando, viviendo una vida extraordinaria. De igual manera, no es deseando ser feliz, sino comportándote de manera tal que te veas feliz.

Esto es muy distinto a estar pensando de manera positiva, porque al pensar que deseas sentirte positivo estás reafirmando que te sientes negativo. Ahora bien, si vives de manera positiva, aunque estés negativo comienzas a sentirte positivo.

Es lo mismo que cuando te levantas de la cama y te estás preparando para ir a trabajar, cansado, quizás un poco malhumorado; te miras y no te ves feliz. Ahora trata de ponerte positivo, tu cara te sigue enviando un mensaje negativo. Hagámoslo ahora al revés. Mírate y comienza a sonreírte, aunque no lo sientas; mírate a los ojos y quiero que pienses o digas en voz alta que eres maravilloso. ¡Pon una sonrisa, bien grande! Vas a notar la diferencia inmediatamente.

Cambiaste de sentirte triste y desganado a un estado donde te estás comportando como si fueras feliz, y aunque te hayas levantado de la cama sintiéndote distinto, comenzarán a producirse más endorfinas, y te sentirás bien contigo mismo. ¿Ves por dónde va el tema? No es pensando que tienes que sentirte positivo para ir al trabajo, sino sintiéndote y actuando como si estuvieras feliz con el trabajo. La diferencia es literalmente abismal. Inténtalo para que lo veas.

Wiseman toma cientos de estudios que prueban la eficacia del enfoque «como si fuera». Como nos dice Wiseman: *«El sentido común sugiere que la cadena de causalidad es: te sientes feliz, sonríes. La teoría 'como si fueras feliz' sugiere que lo opuesto también es cierto: sonríes, te sientes feliz».*

Ponlo a prueba

Durante una semana, al levantarte ve al espejo y mírate fijamente a los ojos, sonríete enormemente, lleva esa expresión a los ojos y di en voz alta: «*Hoy será un día bendecido; me siento feliz de los retos que me esperan y sé que podré sobrellevarlos*».

Todos los días escribe cómo te fue el día, cuáles fueron los retos y cómo lograste manejarlos. Si en el proceso sientes que hubo ocasiones en los que te caíste emocionalmente, pregúntate el porqué.

PASO OCHO: CONSCIENCIA PLENA

«El tiempo es oro», así se expresaba mi generación; era una manera de recordar que uno no debería desperdiciar el tiempo que tiene. Las generaciones de hoy no solo no desean desperdiciar el tiempo, sino que quieren que lo que se haga con él se pueda resolver con una aplicación y no asignarle pensamiento alguno.

La gente no se da cuenta del entorno que tiene, de las necesidades de los demás, de los cambios cuando se avecinan. No saben vivir en el momento; hemos perdido ese estado de «consciencia plena» o «*mindfulness*».

La consciencia plena es un estado mental que se logra enfocando la conciencia en el momento presente, o sea prestar atención de una manera particular mientras reconocemos y aceptamos con tranquilidad nuestros sentimientos, pensamientos y sensaciones corporales y sin prejuicios.

Thich Nhat Hanh, en su libro *Peace is every step*, nos dice: «*Podemos sonreír, respirar, caminar y comer nuestra comida de una manera que nos permita estar en contacto con la abundancia de felicidad que está disponible.*

Somos diligentes preparándonos para vivir, pero no muy buenos en vivir la vida. Sabemos cómo sacrificar diez años para lograr un diploma, y estamos dispuestos a trabajar muy duro para conseguir un trabajo, un coche, una casa, y todo lo que ya sabemos que es aquello a lo que aspiramos.

Pero tenemos dificultades para recordar que estamos vivos en el momento presente, el único momento que tenemos para estar vivos. Cada respiración que tomamos, cada paso que damos puede estar acompañado de paz, alegría y serenidad. Solo necesitamos estar despiertos, vivos en el momento presente».

Así estamos la mayoría, más en el futuro que en el presente, viviendo más de los lamentos del pasado que mirando las bendiciones que tenemos en el ahora. Como astrólogo y *coach* me sorprende la cantidad de personas que hay que solo quieren vivir en el futuro y trabajan afanosamente para lograr ese futuro sin ver que las consecuencias del presente son las que forjarán su futuro.

Cómo vivas ahora, este instante, este segundo, determinará ese futuro que buscas.

Consciencia plena también implica aceptación, lo que significa que prestemos atención a nuestros pensamientos y sentimientos sin juzgarlos, sin creer por ejemplo que hay un modo «correcto» o «incorrecto» de pensar o sentir en un momento dado. Cuando practicamos la consciencia plena, nuestros pensamientos se sintonizan con lo que estamos sintiendo en el momento presente en lugar de rehacer el pasado o imaginar el futuro.

Siendo yo astrólogo y *coach*, seguramente te estarás preguntando: «¿Para qué debo consultar entonces?». Sencillo, para vivir mejor el presente. El conocimiento acerca de si tendrás o no un buen futuro te ayuda a prepararte mejor en el presente.

¿Cómo te preparas mejor? Engendrando buenos pensamientos o pensamientos positivos en el marco de la realidad que vives. Logrando un acomodo razonable con tu realidad actual, teniendo como perspectiva el futuro que te podría aguardar cuando lo conoces.

La conciencia existe desde dos niveles: como semillas y como manifestación de esas semillas.

Supongamos que tenemos una semilla de ira en nosotros. Cuando las condiciones son favorables, esa semilla puede manifestarse como una energía llamada ira. Está ardiendo y nos hace sufrir mucho. Es muy difícil para nosotros estar alegres en el momento en que la semilla de la ira se manifiesta.

Y en ocasiones se manifiesta sin ninguna razón válida. Cuando permitimos que esa semilla se manifieste, continúa produciendo semillas de ese mismo tipo. Ese tiempo durante el cual permaneces enojado, con ira y, como decimos los latinos, «en ira», estás esparciendo más semillas que irán manifestándose en su momento. Se depositan en nuestra mente, inconscientemente se depositan en el corazón, el hígado y el páncreas. Si no me creen, pregúntenle a un naturópata o al médico.

Es por eso por lo que tenemos que tener cuidado al escoger el tipo de vida que llevamos y las emociones que expresamos. Cuando sonrío, las semillas de la sonrisa y la alegría surgen. Mientras se manifiestan, se plantan nuevas semillas de sonrisa y alegría.

¿Qué estás sembrando día a día? ¿Qué estás cultivando?

Geshe Michael Roach lo expresa magistralmente en su libro *The diamond cutter*: «*Digamos que ahora estás en el negocio de la jardinería mental: elegir las semillas o las huellas que quieres poner en tu mente al evaluar qué huellas crean las cosas que quieres lograr; sembrar conscientemente esas semillas y luego sentarte para disfrutar la cosecha extraordinaria de éxito que vendrá a ti*».

En otras palabras: lo que engendres en el presente es lo que cosecharás en el futuro. Uno de los ejercicios que les pido a mis clientes que hagan cada mañana es preguntarse frente al espejo: ¿Qué tengo que hacer hoy para ser feliz? ¿Qué puedo hacer para lograr una mejor versión de mí?

La respuesta que surge de esa pregunta es la semilla que engendras en tu mente para lograr que el proceso de crecimiento de esa semilla o pensamiento comience a florecer durante el curso del día. Así comenzará un proceso alquimista en ti que te permitirá ir logrando una transformación profunda a todos los niveles de tu vida.

Lo que es más asombroso aún es que las energías que irán emanando de ti irán contagiando a otros. Tu entorno comenzará a cambiar y lo que atraes cambiará también.

Por lo tanto, desarrollar consciencia plena tiene una serie de beneficios que pueden, no solo cambiar tu vida, sino ofrecerte un sentido de felicidad único que te hará sentirte más realizado.

Algunos de esos beneficios tienen que ver con la salud, fortalecer el sistema inmunológico, mejorar el sueño, reducir el estrés y los pensamientos negativos. Es una manera de recalibrar el cerebro, logrando así un mayor enfoque, mejorar la memoria, la habilidad de tomar mejores decisiones y desarrollar neuronas en áreas que nos ayudan a tener una mejor empatía con el prójimo y más compasión.

Y, más importante aún, te ayuda a verte de una manera distinta y positiva, y te hace más resiliente ante las adversidades que se presenten.

Ponlo en práctica

Busca un camino tranquilo que te permite tener contacto con la naturaleza y camina por él durante treinta minutos o más concentrándote solamente en tu respiración.

Haz esto durante un mes, una o dos veces a la semana. Documenta cómo te has sentido.

PASO NUEVE: CUIDANDO EL TEMPLO

Durante los últimos treinta años estudios han confirmado que el ejercicio es el mejor elixir para la depresión y que contribuye a la felicidad.

No tienes que hacer ejercicios rigurosos con la idea de desarrollar un físico necesariamente extraordinario, pues los estudios indican que hacer ejercicio moderado como caminar unos veinte a treinta minutos es suficiente para alejar estados depresivos, irrelevantemente de la edad que tengas.

Christopher Bergland, en su libro *The athlete's way: training your mind and body to experience the joy of exercise*, nos habla de la importancia que tiene el ejercicio y nos explica la anatomía del proceso deportivo desde diversas perspectivas psicológicas, conductuales y neurocientíficas, ya que estos elementos se entrelazan y superponen con la mente, el cuerpo y el cerebro durante el ejercicio, demostrando así las «mecánicas mentales» del cerebro bajo las categorías de arquitectura (estructura), electricidad (velocidad de disparo/ondas cerebrales) y sustancias químicas (neurotransmisores). Toca los mismos temas que aquí hemos cubierto como la neuroplasticidad, neurogénesis y la fuente del libre albedrío humano.

Existe entonces una correlación estrecha entre mantener el cuerpo en movimiento y una salud emocional estable.

Lo que hemos considerado como «conveniencia», tener un lavavajillas, la comida precocinada, el coche, los ascensores, supone detener el cuerpo en movimiento y esto es lo que estamos cultivando día a día con nuestro estilo de vida, con nuestros hijos, en nuestras comunidades: un sedentarismo que nos lleva a la dejadez y en ocasiones termina en depresión.

Nos dice Kathy Bowman en su libro *Movement matters*: «*Al igual que nos dijeron que necesitamos proteínas, grasas y carbohidratos, sabemos que necesitamos cardio, fuerza y flexibilidad. Se nos dice que debemos entrenar nuestros músculos superiores e inferiores del cuerpo y del centro para obtener el mejor resultado. Al igual que con la comida, nos falta sabiduría en lo que se refiere al tema de movimiento*». Nuestra genética ancestral es de movimiento, no de sedentarismo.

Ya no salimos a caminar con los amigos; nos sentamos en un café a conversar durante largas horas mientras ingerimos productos pre-procesados y llenos de químicos.

La alimentación también se ha convertido en el consumo de productos procesados, listos para comer, con lo que ingerimos un alto contenido de sodio, azúcar y químicos que el cuerpo y nuestro sistema no pueden asimilar.

Vivimos con una dependencia de los aparatos electrónicos, cuyo uso desmedido tiene un efecto adverso en la salud física y emocional en la persona. Un artículo de la página web del *National Institute for the Clinical Application of Behavioral Medicine*[15] nos confirma que no solo afecta al sueño el hecho de leer de noche desde un aparato electrónico, sino también a la salud emocional de la persona. Además, la supresión crónica de la secreción de melatonina también se ha

---

15   *Do electronic devices affect sleep?,* Ruth Buczynski, PHD
https://www.nicabm.com/brain-electronics-the-brain-and-sleep54892/

relacionado con una serie de problemas de salud, incluido un mayor riesgo de sufrir varios tipos de cáncer.

¿Pueden entonces el ejercicio y la alimentación contribuir a la felicidad de una persona?

Sin duda. Los psicólogos entienden que esto se debe en gran medida a que cuando la persona está en control de su cuerpo y su salud, esto ayuda a mejorar la autoestima, pues verte mejorar diversos aspectos físicos y de salud te ofrece un enorme sentido de valor propio, te ayuda a distraerte de las preocupaciones diarias, reduciendo así tus estados de ansiedad y aumentando las hormonas que mejoran tu estado de bienestar.

Esto sin mencionar el que estás socializando con personas que ostentan un interés similar al tuyo.

El ejercicio no debe limitarse al ejercicio físico, sino también el mental. Es importante y existen ejercicios o rutinas que debemos adoptar para cambiar esos viejos hábitos de pensamiento que detienen nuestro progreso emocional.

Si en nosotros reside el alma o el espíritu, podemos decir que nuestro cuerpo es solo la vasija que contiene nuestra más apreciada esencia, es nuestro templo. Por lo tanto, descuidar ese cuerpo es un sacrilegio para el bienestar. Cuando nos excedemos, cuando no permitimos que se manifieste su naturaleza y no lo movemos, estamos profanando ese templo.

Cuidar nuestro cuerpo, no solo contribuye al bienestar físico y emocional, sino que también lo hace al crecimiento espiritual, contribuyendo así a la felicidad que uno desea en la vida.

Ponlo en práctica

Si nunca has hecho ejercicios o te encuentras en alguna condición especial de salud, debes consultar antes a tu médico. Inicia una rutina de ejercicios que te permita elevar tus niveles de consumo de energía por encima de los niveles de comodidad. Establece de dos a tres días de ejercicio con un horario fijo. Cuando estés en la casa, cada dos horas levántate y haz ejercicios de estiramientos, yoga o Tai Chi.

Establece un día de la semana para salir a caminar y charlar con algún amigo.

En cuanto a la parte emocional, dos veces al día endereza el cuerpo, levanta la cabeza, saca pecho y pon tus manos sobre tus caderas como la Mujer Maravilla o Superman y mantén esa posición, sonriendo durante dos minutos. Emocionalmente te sentirás mejor y más confiado.

PASO DIEZ: DESCUBRE TU NATURALEZA

Recorremos diversas rutas por la vida, viviendo lecciones y experiencias que nos llevan a tener una idea de nosotros que quizás no sea real. Tras años de búsqueda intentando definir quiénes somos realmente, caemos abatidos reconociendo que no nos gusta lo que somos o, quizás peor, no sabemos quiénes somos realmente.

En ese proceso surgen comportamientos que creíamos ajenos a nosotros, pensamientos o estilos de vida que nos convierten en alguien en quien en otra ocasión jamás habríamos pensado en convertirnos, creando en nosotros un abismal torrente de emociones que nos lleva a no saber definir quiénes somos realmente, cuál es nuestra verdadera naturaleza, hacia dónde vamos y cuál será nuestro destino.

Te levantas un día con unas expectativas, leíste el libro *El Secreto* y estás convencido de que tienes todos los elementos para alcanzar tu objetivo, trazando una serie de metas que te llevarán a vivir el sueño deseado.

Visualizas a tu pareja ideal, tu alma gemela, haces mantras, enciendes velas e incienso, haces promesas, recorres el Camino de Santiago, invocas a los ángeles, en fin, todo lo que sea necesario para que el Universo te ponga en el camino a tu pareja ideal.

Al final de la jornada, las emociones descontroladas y confusas, las expectativas, el sueño deseado, el alma gemela, todo se desvanece y tú te preguntas una y otra vez: ¿Por qué a mí? ¿Qué hice mal? ¿Dónde fallé? ¿Por qué me han abandonado?

Todas las preguntas existenciales entran en juego y buscas respuestas que ya estaban escritas desde el momento en que entraste en este plano existencial. El libreto de nuestra vida estaba esbozado de antemano con la intención de que viviéramos unas lecciones para así obtener nuestro debido crecimiento en perfecto orden universal.

Todo cuanto nos ocurre está en perfecta armonía; nada se da al azar, no existen las coincidencias y está en nosotros saber aprovechar oportunamente las lecciones que se nos presentan en la vida.

Lo que somos, lo que nos ocurre es parte de eso que yo llamo «nuestra naturaleza».

Cuando tenemos ese conocimiento profundo de quienes somos, cuando aceptamos cómo somos y lo que el sino nos depara en esta existencia, somos capaces de tomar el control de nuestro destino.

Existe una radiografía que nos permite ver esa naturaleza física, emocional y espiritual que hay en nosotros, que no es necesariamente buena ni mala; somos lo que nos corresponde ser.

Sin embargo, si reconocemos que somos producto de un soplo de amor, que en nosotros radica la semilla del amor, aquello que esté reflejado en nuestra naturaleza y que sea disfuncional o socialmente inapropiado lo podremos cambiar.

Es entonces cuando desarrollamos consciencia acerca de nuestra naturaleza y de que podemos forjar un mejor destino y hasta en ocasiones cambiar.

Un psicópata que no siente empatía por el prójimo quizás no vea maldad en lo que hace porque tiene ausencia de amor. Pero no es que le falte el amor, pues del amor fue hecho.

Si despierta consciencia acerca de sus lecciones, si entiende el *karma* que vive y practica cualquiera de los doce pasos para ser feliz, eso hará de él otra persona e irá despertando la semilla que hay en él, el amor.

De igual manera, comprender nuestra naturaleza hace posible poner en perspectiva las expectativas que podamos tener de la vida, el amor, hace más reales los sueños que tengamos, ver la riqueza desde otro punto de vista y obtener un resultado satisfactorio.

Es descubrir lo que realmente nos corresponde tener, no acomodarnos, no resignarnos a vivir una existencia que no sea plena dentro de las lecciones que nos pertenecen.

Ponlo a prueba

La astrología es una radiografía que va más allá de pronosticar el futuro. Nos permite ver nuestras fortalezas y debilidades, nuestros temores, cuándo y en qué épocas ocurrirán las dificultades. Nos permite identificar las lecciones del pasado y cómo se irán manifestando en ese futuro incierto.

Es una herramienta valiosa que nos permite poner en perspectiva nuestra naturaleza y lo que nos corresponde tener, experimentar y vivir en esta existencia.

El astrólogo o «astrocoach» honesto graba la consulta, solicita tu hora de nacimiento y tiene un amplio conocimiento de técnicas antiguas y modernas de astrología para ayudarte en el proceso de *coaching* a ir mejorando y empoderando tu vida.

PASO ONCE: MEDITACIÓN

En el paso nueve digo que nuestro cuerpo es un templo; lo nutres, fortaleces, lo deseas ágil, lo ejercitas y lo llevas al descanso y la serenidad cuando así te lo exige. ¿Qué haces cuando las emociones están alteradas? ¿Cuando sufres estrés, conflictos emocionales como depresión, dolor o te sientes falto de amor?

La meditación nos permite optimizar la mente, las emociones y mejorar nuestro estado de salud con el fin de vivir una vida extraordinaria.

Existen una diversidad de métodos para meditar y que ofrecen una variedad de beneficios de acuerdo con la práctica que lleves a cabo. Algunos te ayudan a desarrollar nuevas neuronas con la intención de mejorar aspectos de salud, desarrollar emociones como la compasión y la empatía, inclusive aspectos de salud física; se ha demostrado que puede haber una bajada del colesterol, la diabetes, la presión arterial, entre otros. Desarrolla áreas del cerebro y lo engrandece en tu beneficio. Otro beneficio es que estados emocionales como el temor, la autoestima, el amor propio, se fortalecen y eso nos permite que podamos convertirnos en personas seguras y plenas.

Recitar mantras mientras meditas te puede ayudar a lograr un estado espiritual más profundo y así atraer más paz, serenidad y relajación a tu vida, mientras que la meditación enfocada a un tema en particular te ayuda a crear un conocimiento más pleno de los objetivos que persigues, logrando mejor efectividad sobre los mismos.

No importa tu estilo de vida, tus creencias religiosas o estado de crecimiento espiritual; la meditación no establece barreras de ningún tipo y nos beneficia a todos.

Estudios realizados por Sara Lazar[16], neuróloga de la Universidad de Harvard, mostraron que aquellos que practicaban la meditación frente a los que no lo hacían tenían una mejoría del área de la corteza frontal, que es la parte que controla la memoria y la toma de decisiones, un área que tiende a hacerse más pequeña cuando vamos envejeciendo, mostrando que la masa tenía el mismo tamaño que los jóvenes de veinticinco años, lo que sugiere que aquellas enfermedades y condiciones relacionadas con la vejez, como el Alzheimer o el Parkinson, podrían sufrir una mejoría significativa gracias a la meditación e inclusive que el paciente se sintiera más feliz.

El estudio además arrojó que las personas que nunca habían meditado y que lo hicieron durante treinta minutos diarios ocho semanas, no solo mejoraron aspectos de la memoria y el aprendizaje, sino que tuvieron una mejoría en cuanto a la gestión de tus emociones y la concentración, y también expresaron que se sentían más felices.

Aquellos que meditan lo hacen por diversas razones; algunos para lograr paz interior, experimentar una realidad más espiritual, sanar condiciones de salud, liberar la imaginación, la creatividad y aumentar la intuición, y otros simplemente para ser felices.

La meditación debe ser un momento sagrado, convertirse en un ritual, en un hábito de vida, en un adentrarse a nuestro templo interior para permitir que surja el crecimien-

---

16   https://news.harvard.edu/gazette/story/2011/01/eight-weeks-to-a-better-brain/

to espiritual. Es el momento para dejar que el Universo nos hable y se manifieste.

¿Cómo se logra?

Los grandes maestros aconsejan que medites a solas, sentado en un lugar tranquilo, lejos de ruidos y distracciones. Puedes adoptar una posición con las piernas cruzadas; si esto se te hace difícil, hazlo sentado en una silla con la espalda derecha, el mentón erguido, hombros hacia atrás, las manos sobre los muslos o una mano sobre la palma de la otra, tocando la punta de los dedos pulgares. El cuerpo debe estar relajado y los ojos cerrados. Repite el sonido *Om* tres veces y céntrate en la respiración.

La respiración debe ser rítmica, profunda, llenando la barriga y exhalando levemente por la boca, mientras sientes contraerse la barriga.

Una de las dificultades que la mayoría confronta es que la mente deambula («*tengo que realizar los pagos*», «*estoy pendiente de enviar la propuesta*», «*me agradó mucho la persona que conocí...*»). Deja que el pensamiento fluya y vuelve a concentrarte en tu respiración, inhalando y exhalando. Un pensamiento no puede mantenerse mientras estemos concentrados en la respiración.

Como todo en la vida, esto requiere práctica, ser consistentes con el objetivo, establecer una rutina, que debe estar por encima de toda tus actividades del día. Quizás de los doce pasos recomendados la meditación deba ser el primero de todos. No es el más fácil, pero sí el más completo en cuanto a ayudar a implementar unos grados más de felicidad en uno.

Si tu intención es clara y le dedicas tiempo te puedo asegurar que obtendrás una abundante cosecha de beneficios emocionales, físicos y espirituales que te llevarán por el camino de una vida más completa y feliz.

Ponlo en práctica

Dedica dos minutos al día a la meditación. Preferiblemente por la mañana, antes de iniciar tu día. Cuando hayas logrado mantener la mente libre de todo pensamiento durante dos minutos, pasa a cinco minutos al día hasta llegar a veinte o treinta minutos de meditación diaria.

Aplicando el mismo ejercicio de respiración, cada vez que te veas en ciertas situaciones difíciles o de estrés aclara la mente, haz tres respiraciones profundas y exhala todo temor, dificultad o estrés que puedas tener[17].

PASO DOCE: PROPÓSITO DE VIDA

Consideremos un violín. Fue hecho para emitir un sonido que en manos de un experto se convierte en música. Para eso fue creado. Ahora imagínate que el violín nunca se usa. Que está tirado en alguna esquina, lleno de polvo, que nadie lo toma y produce música con él.

Ahora démosle un alma. El violín siente, padece, tiene consciencia de su presencia en el mundo. Se siente raro, como que le falta algo.

Un día un niño lo coge, le saca sonido al tirar de las cuerdas. El violín está eufórico, contento; vibra, y aunque las

---

17   ¿Deseas conocer un poco más sobre cómo aquietar la mente? En los siete talleres que ofrezco en mi página web, podrás aprender diferentes técnicas: www.astrocoaching.info/aquietandotumente

notas son discordantes, se siente feliz. El niño, aburrido, lo devuelve a su esquina sin darle mucha importancia.

Que tiraran de sus cuerdas fue divertido, pero el violín siente que existe en él un gran vacío, a pesar de que todavía de vez en cuando tocan sus cuerdas.

Durante el transcurso de su existencia pasa de mano en mano; algunos con poco conocimiento de cómo extraer sonidos, otros tocan diversos estilos de piezas musicales, pero ninguno logra satisfacer totalmente el vacío que el violín lleva dentro.

Un día se lo regalan a un anciano, que se asombra del hermoso presente. Ansioso llega a su casa, lo limpia, le pone cuerdas nuevas, lo afina y en el vaivén de su mano, el más hermoso sonido sale de la estructura del cuerpo del instrumento vibrando como nunca, expresando emociones que jamás había sentido, descubriendo el propósito de su existencia.

El concierto de violín de Mendelssohn en E menor resuena por toda la casa. La madera con la que fue construido se siente más firme. Seguro de sí mismo, comprende perfectamente su propósito de vida. Ahora el violín reconoce el propósito para el que fue hecho. Que parte de ese propósito y de su finalidad de vida están en servir a otro.

Nosotros hemos sido creados a imagen y semejanza del Universo. Tenemos una estrecha relación con él; cuando permitimos que su mano se manifieste sobre nosotros, elevamos el más hermoso sonido espiritual.

Durante el curso de nuestra existencia habremos de pasar por diversas lecciones, todo con el único motivo de crecer espiritualmente. Estamos donde nos corresponde estar y al final llegaremos a donde debemos ir.

Está en nosotros descubrir nuestro propósito de vida, cuál es nuestro sendero, ese sonido único, y convertirnos en una luciérnaga capaz de ofrecer luz propia.

Algunos, como el violín, pasaremos por diversas lecciones, otros se harán cientos de preguntas existenciales, y pocos hallarán las respuestas por sí mismos.

Lo importante es que existen herramientas que nos pueden ayudar a encontrar ese propósito de vida para sentirnos completos y realizados, o al menos nos proporcionarán momentos, instantes, destellos de lo que puede ser nuestro propósito de vida.

Cuando descubres tu verdadera naturaleza, tu verdadero Yo, descubres tu propósito interno.

Desde el momento en que entramos en esta existencia, traemos con nosotros una serie de patrones antes de nacer, adquirimos otros durante la gestación y durante el curso de nuestra existencia somos expuestos a unos cuantos más.

Todos ellos tienen una razón de ser. Sin embargo, eso no significa que tengas que continuar repitiendo esos patrones, como la depresión, la mala suerte en el amor, la soledad o la falta de autoestima.

Estamos aquí para sobreponernos a todas esas lecciones de patrones repetitivos que la vida nos ofrece.

Cuando desciframos el código de nuestro destino, cuando se da ese despertar de consciencia y aceptamos humildemente quiénes somos y lo que nos corresponde, entonces comienza a revelarse nuestro propósito de vida.

Ese primer paso, tener la curiosidad por esa primera búsqueda, dará inicio al cambio que buscas.

Si estás en ese punto de límite existencial, deseas iniciar la búsqueda de tu propósito de vida, darle significado a la misma, entonces permíteme aconsejarte lo siguiente: comienza tu día con el objetivo de servir a alguien que lo necesite. Haz que el día de esa persona sea significativo y sienta la compasión y el amor que tú le das.

Estos doce pasos para lograr la felicidad te ayudarán a poner en perspectiva ese propósito de vida. Es probable que te enfrentes a algunos escollos; quizás existan otros elementos desconocidos, ocultos, que impidan que alcances una felicidad mayor. En ese caso busca ayuda y descubre lo que ese código de vida representa en tu vida.

Lo importante es que entiendas que solo tú tienes la responsabilidad y el deber de conquistar tus temores y lograr la felicidad que deseas.

Practicar alguno de los pasos que aquí recomiendo es el comienzo de lo que tú deseas lograr en la vida.

Ponlo en práctica

Escoge al menos tres de los pasos para ser feliz y practícalos durante doce semanas y verás como tu vida se transformará.

Solo toma la decisión de darte una oportunidad real de ver cómo los cambios obran en ti.

Pide una cita con un «astrocoach» y una evaluación de lo que se necesita para descubrir tu propósito de vida.

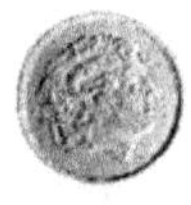

DESCUBRE EL BUDA QUE HAY EN TI

«El insensato que reconoce su insensatez es un sabio. Pero un insensato que se cree sabio es, en verdad, un insensato».

BUDA

Hace más de dos mil años atrás, en un lugar llamado Bodhgaya, un joven inició sus preguntas existenciales sobre el sufrimiento de los demás. Su nombre era Siddharta Gautama.

En los muchos años de enseñanza que siguieron, él enfatizó que la comprensión y el logro de la iluminación no eran algo único para él. Que no era necesario ser una persona extraordinaria, inteligente o espiritual para descubrirlos.

El razonamiento que hay detrás de su filosofía es que todos poseemos una mente, y por lo tanto somos capaces de lograr la iluminación y descubrir así la verdadera fuente de la felicidad, si la buscamos dentro y no fuera de nosotros.

Por eso enfatizaba que todos teníamos la misma naturaleza, que «todo ser posee la naturaleza de Buda». No importa la edad, si eres mujer o hombre, las circunstancias que estés viviendo o lo que tú entiendas que esté obstruyendo el camino a tu felicidad; todos podemos lograr ese estado de Buda.

La diferencia entre el que persigue descubrir esa naturaleza y el que no es el despertar de la consciencia, es conocer lo que representa la mente para nosotros.

Cuando te empeñas en «poseer», ya sea algo físico, material o espiritual, y eso que deseas poseer no te trae felicidad, es porque estás dependiendo de asuntos externos que te han hecho creer que son los que te traerán la felicidad. Como consecuencia, te acechan las inseguridades, se despierta la desconfianza y sientes que ya no puedes confiar en nada.

Ese sentimiento de posesión, cuando no lo obtenemos, cuando lo tenemos y lo perdemos, o cuando lo tenemos y no lo deseamos y deseamos algo más, nos lleva a perder la sonrisa, el deseo de continuar, y en ocasiones el deseo de vivir.

El budismo nos enseña que es mejor no poseer y desarrollar la confianza en uno mismo. No la confianza como la conocemos, como la personalidad, lo económico, nuestros logros o cuán inteligente somos; es despertar en nosotros esa infinita cualidad de compasión y sabiduría internas que nos permiten entender las lecciones que la vida nos ofrece. Es en esa fortaleza donde encontramos el camino a la felicidad y no en las posesiones.

Cuando inicias parcial o totalmente los doce pasos para ser feliz estás fortaleciendo esa parte espiritual en ti, sin necesidad de buscar lo espiritual. Automáticamente irás incrementando los «estados de felicidad». No es que necesites buscar la espiritualidad; llegarás a ella sin que la busques, pues la verdadera felicidad se acompaña de un verdadero crecimiento espiritual.

Ese es el estado armonioso y real que encontramos todos en nosotros mismos.

Por lo tanto, no es importante que seas religioso o ateo, o que creas en la luz eléctrica; encontrar la felicidad en ti tendrá como consecuencia que te sientas mejor contigo mismo, lo que te llevará a hacer sentir a los demás mejor consigo mismos y el crecimiento espiritual llegará como consecuencia. Despierta esa naturaleza innata, esa iluminación y el conocimiento que te harán más feliz y ahí encontrarás la iluminación que buscas, ese propósito de vida.

«Que sea tu espíritu el que ilumine tu camino siempre».

BIBLIOGRAFÍA

- AMY CUDDY, *Presence: bringing your boldest self to your biggest challenges little*, Brown and Company 2015.

- ANGELA DUCKWORTH, *Grit: the power of passion and perseverance*, Simon&Schuster, 2016.

- CAROL S. DWECK, *Mindset: the new psychology of success*, 2007.

- CHARLES DUHIGG, *The power of habit. Why we do what we do in life and business*, 2014.

- CHRISTOPHER BERGLAND, The athlete's way: training your mind and body to experience the joy of exercise, 2008.

- DAVID SCHWARTZ, *The magic of thinking big*, 2006.

- DAVID R. HAWKINS, *Letting Go: the pathway of surrender*.

- ECKHART TOLLE, *El poder del ahora*.

- GESHE MICHAEL ROACH, *The diamond cutter: the buddha on managing your business and your life*, 2009.

- GREG MCKEOWN, *Esentialism: The disciplined pursuit of less*, 2014.

- HEATH, CHRIS (July 5, 2001). *Blood, sugar, sex, magic*. Rolling Stone. Retrieved December 28, 2014.

- JACK D. HODGE, *The power of habit: harnessing the power to establish routines and guarantee success in business and life*, 2003.

- JAMES ALLEN, *Mind is the master, as a man thinketh*. Penguin Random House.

- JEAN M. TWENGE, *IGen*. Simon&Schuster.

- KATHY BOWMAN, *Movement matters*, 2016.

- MARTA DEPOLO GOLDEN D.O., MICHAEL H. MOSKOWITZ M.D. *Neuroplastic transformation your brain on pain*, 2013.

- MIHALY CSIKSZENTMIHALYI, *Flow: the psychology of optimal experience*. Harper Collins, 2008.

- NORMAN DOIDGE, M.D. *The brain that changes itself: stories of personal triumph from the frontiers of brain science*, 2008.

- RICHARD WISEMAN, *The as if principle: the radically new approach to changing your life*, 2013.

- SONJA LYUBOMIRSKY, *The how of happiness: a practical guide to getting the life you want*, 2010.

- THICH NHAT HANH, *No mud, no lotus: the art of transforming suffering*, 2015.

- THICH NHAT HANH, *Peace is every step*, 1992.

- WILLIAM JAMES, *The principles of psychology*, 2010.

Contacto:
david@astrologiaholistica.com
Skype: buenavibraradio

Páginas Web:
AstroCoach: www.astrocoaching.info
Facebook: www.facebook.com/astrocoachdavidhernandez
www.facebook.com/elalquimistadelespiritu
www.buenavibraradio.com

Programa de radio:
Vive una Vida Extraordinaria
Miércoles 7:00 AM/9:00 PM
Sábado 11:00 AM
info@buenavibraradio.com

Club Luciérnagas
www.astrocoaching.info
Ofrece talleres, grabaciones de motivación y
recomendaciones de libros

www.ingramcontent.com/pod-product-compliance
Lightning Source LLC
LaVergne TN
LVHW051258200726